GUÍA VIVA

AF278086

OPORTO

EXPRESS

ANAYA
TOURING

GUÍA VIVA EXPRESS
OPORTO

Textos: **Gonzalo Vázquez Solana.**
Actualización: **Àlex Tarradellas y Rita Custódio.**

Editora de proyecto: **Ana Catherine Gómez Collins.** Edición y maquetación: **Susana Folgado.** Cartografía: **Anaya Touring.** Diseño tipográfico: **Víctor Domínguez.**

Fotografías: **G. Vázquez:** 107 izda. **Istockphoto:** 8-9, 11 izq. sup., 15, 19 (2), 28, 75, 101, 111, 114. **Shutterstock:** 12, 13, 14, ,16, 17, 19 (dcha.), 21, 23, 24, 25, 26-27, 31, 32 (2), 35, 39, 43 (2), 44, 45, 47 (2), 49, 52-53, 54-55, 57, 58, 60, 65 (2), 67, 69, 70, 71, 72, 73, 74, 76, 78, 79, 81, 83, 84, 85, 89 (2), 90, 93, 94-95, 97, 103 inf., 107, 108-109, 117, 118, 120. **Dreamstime:** 11 (dcha. sup.), 38, 65 (sup. e inf.), 92, 104

5ª Edición: 2024

© Grupo Anaya, S. A., 2024
   Valentín Beato, 21. 28037 Madrid
   www.guiasdeviajeanaya.es

Depósito legal: M-5827-2024
I.S.B.N.: 978-84-9158-765-1
Impreso en España - Printed in Spain

La información contenida en esta guía ha sido cuidadosamente comprobada antes de su publicación. No obstante, dada la naturaleza variable de los datos, recomendamos su verificación antes de salir.

Sumario

Cómo usar esta guía

Al comienzo de esta guía encontraréis toda la información necesaria para preparar vuestro viaje a Oporto, dividida en cinco apartados:

Los Imprescindibles

En este apartado se desarrollan seis puntos claves de la ciudad que tienen un especial interés para el viajero.

Datos prácticos

Aquí se ofrece información de transportes, documentación, trámites de entrada, acontecimientos culturales, sanidad, idioma, horarios, calendario de fiestas, etc.

Visita a la ciudad

En el apartado de **visita a la ciudad** aparece la **descripción monumental** de la misma. Asimismo se incluyen también los **alrededores,** con información sobre localidades, o espacios de interés que pueden visitarse fácilmente desde el núcleo descrito. En los recuadros de color se encontrará información sobre **compras** o **fiestas** más destacadas, así como otros datos adicionales.

Al final de la guía y con el fin de facilitar la visita, se incluye un **desplegable** (de día y de noche) que en colores diferenciados muestran los distintos ambientes que se pueden encontrar en la ciudad.

SIGNOS CONVENCIONALES DE LOS PLANOS

PLANOS DE DÍA	PLANOS DE NOCHE
Edificios de interés turístico	Edificios de interés turístico
Parques y jardines	Parques y jardines
⬤ Restaurantes	■ Alojamientos
ℹ️ Información turística	Ⓜ Metro

En el **plano de día** se resaltan las zonas comerciales, así como los restaurantes y monumentos más interesantes que merece la pena visitar. En el **plano de noche,** donde se destacan los hoteles recomendados, se pueden ver las calles más animadas para salir de noche.

Comer y dormir en Oporto

Se da información detallada de los distintos hoteles y restaurantes que hemos seleccionado siguiendo un riguroso criterio de calidad/precio. En cuanto a los **alojamientos** se describen algunos hoteles de precio más elevado, otros de precio medio, hostales y pensiones.

Los **restaurantes** también se han ordenado conforme a varias categorías y precios comenzando por los más afamados y de mayor precio.

El contexto

Comprende algunos apuntes sobre la historia, la gastronomía, la literatura, el cine y otros temas culturales de interés.

Guía rápida

Situación: norte de Portugal.
Población: 237.559 habitantes. Área metropolitana: 1.737.395 habitantes.
Moneda oficial: euro.
Clima: en general agradable, con inviernos poco rigurosos y veranos con calor moderado.
Idioma oficial: portugués.
Hora oficial: 1 hora menos que en España (salvo Canarias).
Teléfonos útiles: Salud 24 horas. Telf. 808 242 424.
Documentación necesaria:
Pasaporte/DNI, TSE y carné de conducir (opcionales).
Webs de interés: www.visitportugal.com, www.cm-porto.pt, www.visitporto.travel, www.agenda-porto.pt, www.portoenorte.pt, www.agoraporto.pt.

LOS
IMPRESCINDIBLES

El Duero y sus puentes

La vista de Oporto y Víla Nova de Gaia desde el río es una de las más famosas postales de Portugal. Existen muchas modalidades de paseo fluvial, pero las que mejor calidad-precio ofrecen son las visitas cortas de una hora, pasando bajo los puentes que unen ambas orillas.

A finales del siglo XIX fueron levantados dos puentes gemelos de hierro; el **Ponte de Maria Pia** en 1877, reservado al tránsito ferroviario, y en 1886 el **Ponte de D. Luís I**. El primero, dedicado a la reina, obra de Gustavo Eiffel, constituye un prodigio de la ingeniería de su tiempo y un verdadero símbolo del progreso decimonónico. Otro tanto cabe decir del que lleva el nombre del rey Luís I, encargado a la compañía belga Willebroeck, y cuyo proyectista fue Théo-

pile Seyrig, aventajado colaborador de Eiffel que, al menos en este caso, superó al maestro. Resulta magistral el modo de integrar el viaducto en el paisaje, con su gran arco de 172 m de luz, y el hecho de unir ambos lados del río mediante un tablero superior y otro inferior, permitiendo también comunicar las riberas. Entre 1886 y 1993, el Ponte de Luís I constituyó el único e imprescindible paso para automóviles.

Su posición central llegó a convertirlo en un hito urbanístico tan querido como la Torre dos Clérigos, si bien con la ventaja de reflejar mejor el carácter emprendedor de la ciudad. Atravesando el puente, a pie o en metro (línea amarilla) se alcanzan sendos miradores privilegiados sobre las *ribeiras* de Oporto y Gaia: el **Jardim do Morro**, con su hermosa alineación de tilos y el **Monasterio de la Serra do Pilar.**

Diferentes perspectivas del Ponte de Luís I, el más famoso de todos.

El hormigón armado tomó el relevo al hierro en 1963, con el proyecto del ingeniero Edgar Cardoso para el singular **Ponte da Arrábida,** el más cercano a la Foz do Douro. Los 270 m de luz de su arco lo convirtieron durante algunos años en el mayor del mundo construido con este material.

Desde 2016 se permite escalar el arco, siempre acompañados de un guía y del equipo de escalada necesario, hasta alcanzar el punto

bridgeclimb.com, Rua do Ouro, 680. De 14.30 h a 17.30 h en invierno, hasta las 18.15 h en verano. 14-17,5 €).

El viejo puente del ferrocarril de Maria Pia fue sustituido por otro que, por su proximidad, le restó cierta perspectiva. Se trata del moderno **Ponte de São João** (1991), segunda obra sobre el Douro de Edgar Cardoso, que debe su nombre al patrón de la ciudad y que se inauguró en 1991.

Ponte Infante D. Henrique

más alto, situado a 65 m del agua. Para descender, es necesario bajar 262 escalones. La actividad dura una media hora y se realiza en grupos reducidos. También se puede visitar una exposición sobre la historia de los seis puentes y el proceso de construcción de esta joya arquitectónica. Aunque lo mejor de la visita, sin duda, serán las vistas panorámicas (www.porto-

Como particularidad, oculta el tránsito de los convoyes ferroviarios en una caja cerrada.

Río arriba, las concesiones estéticas fueron menores en el **Ponte do Freixo** (1995) que, según diseñó el profesor António Reis, completó la comunicación a través del cinturón interno de Oporto.

El de más reciente construcción es el **Ponte Infante D. Henrique,** inaugurado en 2003. Su diseño corrió a cargo de Adão da Fonseca y se considera por los especialistas uno de los más esbeltos.

Además, en la historia de la ciudad han existido otros puentes. El **Ponte das Barcas** fue diseñado por Carlos Amarante en 1806. El sencillo sistema se componía de 20 barcas amarradas por cabos de acero que se podía abrir en dos partes para facilitar el tráfico fluvial. Poco

y Bigot inaugurado en 1843, fue sustituido por el Ponte Luís I. Actualmente siguen en pie los dos pilares y restos de la casa del guarda en el lado de Oporto. El puente tenía a cada lado dos obeliscos de piedra de 18 m de altura, por encima de los cuales se situaban los cabos que permitían la suspensión de un tablero de 6 m. La longitud total era de 170 m, entre la ladera de Guindais en Oporto y Penedo en Gaia.

Ponte da Arrábida

después de su inauguración, en 1809, ocurrió la conocida catástrofe del Ponte das Barcas, en el que murieron miles de personas cuando huían, a través del puente, de las cargas de bayoneta de las tropas invasoras francesas del mariscal Soult.

También, el **Ponte Pênsil,** cuyo nombre original fue el de Maria II, proyecto de los ingenieros Mellet

Numerosas empresas realizan paseos en barco por el río. Se pueden contratar en el lugar de atraque (muelle de la ribeira de Oporto) o bien en sus webs. Algunas son: *Tomaz do Douro* (tomazdodouro.pt), *Barcadouro* (www.barcadouro.com), *Rentdouro* (www.rentdouro.com) y *Cruzeiros Douro* (www.cruzeiros-douro.pt).

Tranvías históricos

Una bonita y cómoda excursión urbana es la que se puede realizar a bordo de los míticos tranvías de la ciudad. Aunque la ciudad ha estado muy ligada a este medio de transporte, desgraciadamente ya solo quedan dos líneas en funcionamiento, además del Funicular dos Guindais, por lo que suelen ir bastante llenos.

En 1872 surge en Oporto el servicio de tranvías americanos, tirado por mulas y destinados al transporte de personas y mercancías. No fue hasta 1895 cuando comenzaron a funcionar los primeros tranvías eléctricos, que tenían capacidad para no más de 30 pasajeros. Entre 1900 y 1940, con el crecimiento de la ciudad, nacieron nuevas líneas de tranvía, como la del centro y la de la Avenida de los Aliados, que se convierte en el transporte de la clase obrera. En los años cuarenta del siglo xx crecieron los problemas para cumplir los horarios por el significativo aumento del tráfico, es la época de los *Pipis,* que eran tranvías más modernos y rápidos con los que se intentó solucionar la cuestión. Aunque se modernizó la flota, los atascos acabaron favoreciendo la versatilidad del trolebús (autobús eléctrico con catenaria), que en los años 60 comenzó a utilizarse en la ciudad.

A la par se realizó una importante remodelación y se suprimieron 65 km de líneas de tranvías, con lo que en 1974 funcionaban 489 tranvías y 101 troles. Sin embargo, en la actualidad, el tranvía en Oporto ha perdido su función como medio de transporte público, quedando relegado a atracción turística. Apenas funcionan media docena de tranvías que recorren tres líneas (además del funicular).

Se puede comenzar la excursión en la parada del funicular (Batalha), al lado de la Antiga Casa Pia, en el barrio de Batalha. Antes de subir es

obligado visitar la **Igreja de Santa Clara,** de planta original renacentista y fachada gótica. La profusión de dorados y de tallas de madera, obra del siglo XVII, está considerada uno de los mejores ejemplos de la escuela lusa.

La línea 18 (Massarelos-Carmo) que sale desde ahí y pasa por los jardines románticos del **Palacio de Cristal,** proyectados en el siglo XIX por el arquitecto Émile David. En 1956 el pabellón multiusos **Rosa Mota,** del arquitecto Carlos Loureiro, sustituyó al Palacio de Cristal inaugurándose con el Mundial de Hockey sobre patines. Las vías llevan a lo largo del Douro hasta **Massarelos.**

Justo al lado está el **Museu do Carro Eléctrico** (*Alameda Basílio Teles, 51; telf 226 158 185; www. museudocarroelectrico.pt. Visita: martes a domingo, de 10 h a 18 h),* inaugurado en 1992, dispone de una colección de tranvías y otros coches de apoyo que circularon en Oporto. Instalado en la antigua central termo-eléctrica de Massarelos, el museo incluye una central de transformación de energía de inicios del siglo XX, que suplía a los tranvías. Es ideal para visitar con niños.

Más tarde se puede coger el tranvía que recorre la línea más antigua de la ciudad, la 1 (Infante-Passeio Alegre) que comienza en la Rua D. Infante Henriques y va hasta Foz de Douro. Recorre la ribeira en un trayecto que permite contemplar el fluir del río hacia su estuario, con Vila Nova de Gaia y sus prósperas *caves de vinho* en la otra orilla.

Desde el **Ponte da Arrábida** se ve el barrio de pescadores de São Vicente de Afurada, de donde llega olor de *sardinhas* y calamares a la brasa. Tras veinte minutos en los que el río baja cada vez más desbocado, se llega al **Passeio Alegre.**

Las **playas de Foz** —2 km entre la Praia do Castelo do Queijo y dos Ingleses— son una buena opción para disfrutar del buen tiempo, tomar un refresco en sus chiringuitos, pasear en bicicleta y, sobre todo, disfrutar del océano y sus magníficas puestas de sol.

Bodegas de Vila Nova de Gaia

El vino de Oporto es uno de los mayores reclamos turísticos de la ciudad, aunque las *caves* o bodegas se encuentran al otro lado del río, en el núcleo de Vila Nova de Gaia. Visitar alguna de ellas y degustar los conocidos caldos es más que recomendable.

La historia de los vinos de Oporto se remonta a comienzos del siglo XIV cuando un antecedente de este vino ya llegaba a Inglaterra, aunque no fue hasta el siglo XVII cuando, como pago por la ayuda de los ingleses en su lucha contra la corona española, Portugal concedió notables privilegios comerciales y fiscales a los productores y exportadores ingleses que ya estaban asentados en Gaia.

Al finalizar el siglo XVII la fórmula del *Porto* estaba ya a punto y en 1703 se firmó el Tratado de Methuen, que explícitamente concedía a la corona británica el monopolio de los vinos portugueses. De hecho, una importante comunidad de británicos había adquirido *quintas* en la zona y fabricaba su propio vino. Solo la astuta intervención del marqués de Pombal en 1756 consi-

guió regular los precios de exportación y delimitar la zona de producción, convirtiéndose en la primera denominación de origen de vinos del mundo. De esa época son la mayoría de las famosas marcas de este vino, como *Campbell*, *Offley* o *Sandeman*, entre otras. Pero no fue hasta el siglo XIX cuando comenzaron a aparecer compañías portuguesas, como *Ferreira* o *Ramos Pinto.*

Las viñas, que se hallan río arriba, se plantan en un terreno de pizarra con la propiedad de reflejar el sol en las plantas, las cuales descienden formando terrazas escalonadas, a veces en pequeños peldaños, creando un paisaje continuo a lo largo del cauce.

La graduación alcohólica mínima para estos vinos es de 19 grados, que se consigue mezclando vino con *brandy* en distintas proporción y calidades. El vino de Oporto es único, pero existen varias clases según su elaboración. En primer lugar están los *Blancos* o *White*, que son los menos extendidos; proceden de cepas de vid blancas, pueden ser secos o semisecos y se sirven fríos como aperitivo. También están los *Blended*, de color rojo, que se obtienen de mezclas y envejecimientos distintos, según la calidad que se desee obtener.

El *Red,* si es joven, resulta muy afrutado, y el más común, *Ruby*, que es algo más añejo que el *Red* joven, se obtiene mezclando vinos de años distintos. Entre los más prestigiosos y con más merecida fama encontramos el *Tawny*, rubio dorado, empalidecido y suavizado por la edad y el *Light Tawny*, más claro aún y de calidad superior.

La gama más alta es la de los denominados *Vintage,* que proceden de una sola cosecha considerada de calidad excepcional; son oscuros, con cuerpo y de aroma y paladar finísimos. Tras su paso por la crianza en madera, deben ser embotellados después de dos o tres años, continuando la maduración en vidrio un mínimo de siete años más. Otros *Vintage* de calidad inferior son los que consignan en la etiqueta LBV *(Late Bottled Vintage),* es decir un *Vintage* embotellado tardíamente, entre el cuarto y el sexto año.

Las bodegas, declaradas Patrimonio de la Humanidad, están en Vila Nova de Gaia, casi todas junto a la *ribeirinha*, por lo que un paseo a pie por la misma es la mejor forma de conocerlas, aunque también hay autobuses urbanos que nos llevan. La mayoría ofrecen una visita guiada, en distintos idiomas, en las que se cuenta la historia del vino y específicamente de la bode-

ga que estemos visitando. Suelen mostrar el laboratorio de trabajo de los enólogos y una cámara donde se hacen las catas. Aunque se debe pagar entrada, muchas ofrecen una cata gratuita y la posibilidad de comprar botellas con descuento. Los horarios de visita suelen ser de 10 h a 18 h en invierno y hasta las 19 h o 20 h en verano, aunque pueden variar. Si dispone-

mos de poco tiempo, la mejor opción es visitar el **Instituto dos Vinhos do Douro e Porto,** que está en Oporto *(Rua Ferreira Borges, 27; www.ivdp.pt),* donde podremos probar los vinos y aprender de su tradición. Otras opciones para los más interesados son el **Museu do Vinho do Porto** [pág. 88] y el **Museu do Douro,** este último en Peso da Régua.

Torre de los Clérigos

La estilizada silueta de esta torre, que sirvió de referencia para los barcos, se ha convertido en uno de los perfiles característicos de la ciudad. El ascenso de sus más de 200 escalones, hasta alcanzar los 75 m de altura, se ve recompensado con espectaculares vista.

La complejidad y extrañeza de las formas de esta construcción produjeron un gran impacto en la arquitectura de la época, convirtiéndose enseguida en uno de los emblemas inconfundibles de la ciudad. Se trata de la obra documentada más antigua de Nicolau Nasoni, cuyos restos reposan en esta iglesia en compañía de los del cardenal Tomás de Almeida. El conjunto es un faro que atrae irremisiblemente las miradas y, de hecho, sirvió como referencia a los navegantes al ser visible desde el mar.

La Hermandad de los Clérigos nació de la fusión de tres instituciones de beneficencia anteriores creadas en el siglo XVII con la intención de socorrer a los clérigos en dificultades. El deán de la Catedral, D. Jerónimo Távora e Noronha, entonces presidente de la Hermandad y protector de Nasoni, encargó al artista en 1731 el diseño arquitectónico de estas instalaciones, que debían situarse en el exterior de la antigua muralla medieval. Se colocó la primera piedra de la iglesia en junio del año siguiente, mientras todas las campanas de la ciudad sonaban al mismo tiempo, en medio de un ambiente festivo de celebraciones populares. En 1748 la iglesia fue consagrada al culto si bien las obras no finalizaron hasta 1758, a excepción de la torre que fue concluida más tarde.

En la iglesia, de planta elíptica, destaca su fachada, concluida en 1750 y de un marcado carácter escenográfico realzado por la escalinata, si bien esta última fue alterada en 1827. Esta fachada se articula en dos órdenes o pisos que, a su vez, están divididos por tres ejes verticales conformados por pilastras. Los nichos del piso superior albergan sendas estatuas de san Pedro y san Felipe Neri (patrones de dos de las hermandades que se fusionaron), rematándose el conjunto con un frontón de líneas quebradas. La rica y dinámica decoración acentúa el sentido ascensional de esta fachada. El interior está marcado por su planta elíptica que recuerda modelos romanos, y su monumentalidad se ve acentuada por el retablo mayor, cuyas dimensiones obligaron a una ampliación de la nave de la iglesia. Este retablo, obra del arquitecto Manuel dos Santos Porto, fue realizado entre 1767 y 1780 en un estilo ya claramente rococó, y el empleo de mármoles de colores lo convirtieron desde el inicio en una pieza singular. Completan el programa iconográfico del interior las representaciones de las *virtudes de la Virgen*, pues, no en vano, la iglesia está dedicada a Nuestra Señora de la Asunción.

La **Torre** y la **Casa de los Clérigos** fueron construidas más tarde, aprobándose el proyecto en 1754 tras la donación de unos terrenos colindantes. De todo el conjunto destaca, sin duda, la torre, cuyas obras fueron llevadas a cabo entre 1757 y 1763. Constituye toda una síntesis del estilo de Nasoni que, cerca de la genialidad, terminó por convertir su formación de pintor ilusionista en la de arquitecto sempiterno de Oporto. La ornamentación va intensificándose conforme nos elevamos hacia la cúspide, el ritmo de sus pisos y la fantasía de su decoración la convierten en uno de los más impresionantes ejemplos del barroco europeo.

Visita: iglesia, torre y exposiciones, todos los días, de 9 h a 19 h. Más información en www.torredosclerigos.pt.

Fundação de Serralves

La Fundación de Serralves fue creada en 1989, tres años después de que el Estado portugués adquiriese la Quinta de Serralves con el fin de implantar aquí un Museo Nacional de Arte Moderno.

Reconocida en la actualidad como una de las principales instituciones culturales europeas, la fundación realiza un gran esfuerzo en la divulgación, a nivel nacional e internacional, del arte de nuestros días así como del patrimonio ambiental.

El programa anual de actividades tiene como objetivo incentivar la curiosidad y el debate sobre el arte, la naturaleza y el paisaje, educando de forma creativa y promoviendo la reflexión sobre la sociedad contemporánea. El conjunto lo componen el Parque, el Museo de Arte Contemporáneo, la Casa, el Auditorio, la Biblioteca y la Casa do Cinema Manoel de Oliveira. En 2012 fue declarado Monumento Nacional.

El hermoso **Parque de Serralves,** abierto al público desde 1987, fue remodelado con el fin de contribuir a la sensibilización de la sociedad hacia el patrimonio ambiental y fomentar el diálogo entre naturaleza y arte. La diversidad vegetal la componen más de 200 especies, incluyendo flora autóctona y exótica (secuoyas gigantes, castaños de Indias, cedros del Atlas, etc.). Los casi 4.000 ejemplares vegetales han sido objeto de un levantamiento georreferenciado, en el que las coordenadas de cada ejemplar están asociadas a una ficha descriptiva utilizada con fines científicos y educativos. Hay recorridos que permiten conocer el parque en función del tiempo disponible (de 45 a 120 minutos) o de los gustos.

Un paseo por sus 18 ha nos llevará hasta la **Casa de Serralves,** en la actualidad sede de la fundación, pero originalmente residencia de Carlos Alberto Cabral, segundo conde de Vizela, que creó el parque comprando terrenos colindantes con las propiedades de su familia. En esta vivienda, tal vez la obra más interesante del estilo *art déco* en Portugal, trabajaron algunos de los más grandes artistas de su tiempo, como Marques da Silva, Jacques Gréber y Charles Siclis.

El proyecto arquitectónico del **Museu de Arte Contemporânea de Serralves** le fue encargado a

Museo de Serralves, obra de Álvaro Siza

Álvaro Siza en 1991, inaugurándose en 1998. El edificio que alberga el museo es una obra maestra de la arquitectura contemporánea. Aprovechando un desnivel natural del terreno en el que se situaban unas huertas, el edificio se construyó semienterrado, lo que minimiza su impacto en el paisaje y permite el diálogo entre naturaleza y arquitectura, relación que se ve favorecida por las grandes ventanas abiertas al paisaje y por las amplias perspectivas.

Destacan la combinación de iluminación natural y artificial y la utilización de materiales locales en los revestimientos. La colección permanente incluye obras de los más representativos artistas mundiales desde el año 1968 hasta la actualidad (Georg Baselitz, Christian Boltanski, Marcel Broodthaers, Jannis Kounellis, Mário Merz, Bruce Nauman, Dennis Oppenheim, etc.), prestando especial atención a los artistas portugueses contemporáneos. En las exposiciones temporales tampoco faltan las producciones audiovisuales o las *performances.*

En 2014 un escándalo ocupó las portadas de los periódicos portugueses. Tras la nacionalización del Banco Portugués de Negocios (BPN), una colección de 85 cuadros y esculturas de Miró pasó, en detrimento del banco, a ser propiedad del Estado, que no tuvo mejor idea que subastarlos en Christie's. Tras la polémica, la galería se vio obligada a abortar la subasta.

En octubre de 2018 la ministra de Cultura portuguesa, Graça Fonseca, dio una buena noticia a los portuenses: la colección "Joan Miró: Materialidade e Metamorfose" permanecerá expuesta en el Museu Serralves por un periodo de 25 años.

Para la Fundación, la gastronomía es también un arte y lo demuestra en su exquisito restaurante (reservas: telf. 351 226 170 355 y restaurante.serralves@ibersol.pt).

Visita: Museo, Casa Serralves, Casa do Cinema Manoel de Oliveira y parque, de octubre a marzo, de lunes a viernes, de 10 h a 18 h; sábados, domingos y festivos, hasta las 19 h. De abril a septiembre, de lunes a viernes, de 10 h a 19 h; sábados, domingos y festivos, hasta las 20 h. Entrada: acceso a todos los espacios, 24 €; solo el parque, 15 €; www.serralves.pt.

Exposición en una de las salas del Museo Serralves.

Maratón de Oporto

La ciudad de Oporto puede presumir de organizar desde 2004 uno de los mejores maratones del mundo, que atrae cada año a más y más aficionados.

En 2016 la Asociación Europea de Atletismo lo distinguió con cinco estrellas por reunir una serie requisitos de seguridad y calidad para pruebas en la vía pública. En 2018, la Asociación Internacional de Federaciones de Atletismo premió a la EDP Maratona do Porto con el grado Bronze Label Road Race.

Los amantes del deporte tienen la excusa ideal para desplazarse a esta ciudad y conocerla de una manera diferente. La prueba se celebra en noviembre, con lo que el sol y las altas temperaturas no serán impedimentos. Además de la carrera clásica de 42 km y 195 m, los menos preparados pueden optar por realizar una carrera de 12 km o incluso un minimaratón de 6 km.

La Expo Maratón se ubica en el Palacio de Congresos de la Aduana de Porto, a primeros de noviembre, allí es posible recabar información sobre todo si se está interesado en participar.

Quien desee salir a correr a su aire dispone de varios espacios urbanos ideales para practicar deporte.

Algunos de los más apreciados son el Parque da Cidade, los Jardines del Palacio de Cristal, la Quinta do Covelo, el Parque Oriental, la Avenida Boavista y la orilla del río por varios de sus barrios más carismáticos, como desde la Ribeira hasta Foz o desde este último barrio hasta el Castelo do Queijo, en la frontera con Matosinhos.

Para estar al día de las carreras celebradas en Oporto y alrededores, se recomienda consultar las siguientes páginas: www.maratonadoporto.com; www.runporto.com; www.porto-marathon.com.

DATOS
PRÁCTICOS

Viajar a Oporto

En los últimos años, Portugal se ha distinguido como uno de los destinos para vacaciones y escapadas de puentes o fin de semana preferidos por los visitantes europeos.

La ciudad de Oporto, por sus excelentes comunicaciones internacionales, la belleza de su casco antiguo declarado Patrimonio Mundial y ser la base desde la que parten la mayoría de los cruceros por el Duero, se ha convertido especialmente en un destino turístico consolidado y en alza.

El éxito tiene como contrapartida las aglomeraciones de turistas en ciertas épocas del año y la subida de los precios que ha ocasionado que muchos habitantes del centro se vean obligados a mudarse. Las autoridades han tomado cartas en el asunto (aunque insuficientes) y han impuesto una tasa municipal turística a fin de consolidar una ciudad más atractiva y sostenible, y han dictado normas para frenar el proceso de gentrificación y proteger el comercio tradicional en el centro.

Lo cierto es que se trata de una acogedora y preciosa ciudad hecha de piedra, llena de color y de rincones encantadores, y con una de las gastronomías más ricas de Portugal. Bienvenidos a Oporto.

Cómo llegar a Oporto. Oporto es un destino muy cómodo para los españoles y se puede llegar por medio de diversos transportes, en coche, en tren, en barco o en avión. Es una ciudad que está muy bien conectada con otras ciudades portuguesas y europeas.

En avión

Portugal continental cuenta con tres aeropuertos internacionales: Lisboa (Humberto Delgado), Oporto (Francisco Sá Carneiro) y Faro. Existen varias compañías aéreas que vuelan desde España hasta Portugal con frecuencias diarias o semanales en función de la época.

Madrid-Oporto: Prestan servicio *Tap Portugal, Air Europa, Ryanair, Easyjet e Iberia.* Se llega en una hora.

Barcelona-Oporto: Tres compañías ofrecen el servicio, *Tap Portugal, Ryanair y Vueling.* La duración del vuelo es de 1 hora y 50 min.

Se puede encontrar más información en la web www.aena.es, o en las páginas de cada compañía.

En autocar

Las conexiones entre España y Portugal son frecuentes. También hay enlaces garantizados hasta otras ciudades, de manera que es posible abarcar la mayor parte del territorio portugués. Las frecuencias, como en el caso de los vuelos, varían según la época del año. Algunas compañías desde España:

ALSA Internacional (www.alsa.es), *Rede Expressos* (rede-expressos.pt) y *FlixBus* (www.flixbus.pt).

Madrid-Oporto: Operan con paradas en Salamanca, Guarda y Viseu, y ofrecen enlace hasta Lisboa.

Barcelona-Oporto: A través de Zaragoza, si bien en algunos casos hay que cambiar de autobús.

Málaga-Faro-Lisboa-Oporto: Los autobuses unen Málaga, Algeciras, Jerez de la Frontera, Sevilla y Huelva con estas tres ciudades portuguesas.

A Coruña-Vigo-Oporto: Desde Galicia también hay autocares directos al aeropuerto de Oporto.

ℹ Documentación

Para viajar a Portugal solo es necesario tener en regla el DNI o el Pasaporte.
Como países miembros de la Unión Europea no existen fronteras terrestres entre España y Portugal. Se necesita documentación para el embarque en el aeropuerto.

 **En avión**

Aerolíneas
Air Europa. www.aireuropa.com
Iberia. www.iberia.com
TAP Portugal. www.flytap.pt
Ryanair. www.ryanair.com
Vueling. www.vueling.com
Easyjet. www.easyjet.com

Aeropuertos
En España: *Aena.* Telf. (+34) 913 211 000; www.aena.es.
En Portugal: *Ana Aeroportos.* Telf. 218 413 500; www.ana.pt.
Oporto: Aeropuerto Francisco Sá Carneiro. Telf. 229 432 400; www.aero-portoporto.pt. A 13 km al norte, en Maia.

Existen otras empresas (www.internorte.pt o www.autna.com) que ofrecen diferentes servicios para regresar desde Portugal.

En tren

La estación de São Bento, la principal de la ciudad tiene conexión con el metro y con distintas líneas de autobuses urbanos.

Desde la estación de Campanhã, situada al este de la ciudad, salen y llegan todos los trenes internacionales. Para una información general sobre las conexiones desde España con Oporto, se pueden consultar: **Información de Renfe,** telf. 919 190 504, www.renfe.com. Y **CP Comboios** de Portugal, telf. 808 109 110, www.cp.pt.

Madrid-Lisboa (conexión con Oporto). El *Trenhotel Lusitania* era un tren-talgo nocturno, con salida diaria desde Madrid (en estación de Chamartín por la noche) y con llegada a Lisboa Santa Apolónia por la mañana. El trayecto duraba unas once horas. Contaba con un buen restaurante y compartimentos de varios tipos y precios, de acuerdo con la categoría. Este tren efectúa varias paradas en Portugal: Guarda, Coímbra y Entroncamento (se puede enlazar para Oporto aquí, o directamente en Lisboa), y Lisboa (Oriente y Santa Apolónia). La conexión con Oporto era a través del tren *Alfa Pendular*, el *Intercidades* y el regional. Desde 2020, con la pandemia, el histórico Lusitania dejó de funcionar. Está previsto que a partir de 2025 vuelva a funcionar. Por ahora, se mantiene la conexión Entroncamento-Badajoz en un tren regional.

País Vasco-Lisboa (más conexión con Oporto). Desde la estación de Irún partía el *Surexpreso* cada día, con llegada a Lisboa Santa Apolónia. Tenía compartimentos de diversos precios de acuerdo con la

Trenes en la estación de São Bento.

categoría. En Portugal tenía parada en Vilar Formoso, Guarda, Celorico da Beira, Mangualde, Santa Comba Dão, Coímbra, Pombal, Caxarias, Entroncamento y Lisboa (Coímbra era la mejor opción para enlazar con Oporto). Al igual que el *Lusitania,* también está previsto que el *Surexpresso* regrese en 2025.

Vigo-Oporto. Desde Vigo hay dos trenes diarios que tienen salida todos los días de la semana a las 9 h y a las 20 h y con una duración aproximada de dos horas y cuarto.

En barco

Los puentes sobre el Miño, construidos modernamente, entre Goián y Vila Nova de Cerveira, Salvaterra de Miño y Monção y Arbo y Melgaço han hecho desaparecer los tradicionales pasos de barca.

Sin embargo, aún se mantiene el ferry que conecta A Guarda con Caminha (los billetes se adquieren en el puerto de embarque).

En coche

Los principales accesos por carretera son a través de la autovía A55 (Tui), por el norte, para luego seguir por la A3 pasando por Braga o por la costa (A27 y A28) hasta Oporto; la N122/A11 desde Zamora, y ya en Portugal por la A4, que es de peaje; la A62 desde Salamanca, para luego en territorio luso seguir por la A25 y mas tarde la A1 (de peaje).

Los caminos que llevan a Oporto desde Badajoz y Ayamonte pasan por Coímbra, desde donde la A1 (de peaje), solo dista 120 km a Oporto.

Conducir por Portugal.

En los últimos años, las antiguas autovías de la red SCUT de Portugal han pasado a ser de pago mediante peajes electrónicos. ¿Qué significa? Pues que el vehículo ya no se detiene para pagar manualmente a un cobrador o a una máquina automática.

Con este sistema la empresa toma una fotografía de la matrícula sin la necesidad de pararse y posteriormente se debita la cantidad a la tarjeta asociada.

En el caso de **alquilar un vehículo portugués,** se recomienda solicitar a la empresa de rent-a-car el dispositivo Via Verde, que permitirá pagar los peajes en el momento de la devolución del coche.

Este sistema tiene la ventaja de que sirve para todas las autopistas portuguesas. La desventaja es que tiene un coste de 1,50 € diarios (un máximo de 18,50 € por alquiler).

Para los vehículos portugueses, existe una segunda opción, menos cómoda pero más económica, que es dirigirse a una oficina de correos, una tienda CTT o un agente Payshop. Bastará con indicar el número de la matrícula para saber el valor a abonar. Eso sí, se debe realizar en un plazo máximo de 5 días.

En el caso de llegar con un **vehículo extranjero,** la opción más aconsejable es el **sistema EAS-Ytoll.** Al cruzar la frontera, antes de entrar en la autopista, se deberá circular por el carril que indica "Extranjeros", con un símbolo de peaje y de Visa y MasterCard. De este modo, se pasará por un Punto de Bienvenida (A28, en Viana do Castelo; A24, a 3,5 km de la frontera Chaves/Verín; A25, en el área de servicio de Alto de Leonil, en Vilar Formoso; A22, en Vila Real de Santo António), donde sin la necesidad de salir del vehículo se deberá introducir la tarje-

Direcciones útiles

Antes de tomar rumbo a Portugal, os recomendamos que visitéis la **web oficial de turismo** en www.turismodeportugal.pt.
Se puede encontrar más información en Internet en las siguientes páginas oficiales de turismo de Portugal y Oporto:
www.visitportugal.com, www.portoenorte.pt, www.cm-porto.pt, www.visitporto.travel.

Embajadas y consulados
Embajada de Portugal en España
Lagasca 88, 4ºA planta. Madrid 28006. Telf. 915 777 585.
www.madrid.embaixadaportugal.mne.gov.pt.
Consulados de Portugal en España
Barcelona, Sevilla, Vigo, Orense, La Coruña, Cáceres, Badajoz, Bilbao, Ceuta, León, Santa Cruz de Tenerife, Las Palmas de Gran Canaria y Málaga.
Puede consultar los contactos en la página web www.madrid.embaixadaportugal.mne.gov.pt.
Embajada de España en Portugal
Rua do Salitre, 1, Lisboa. Telf. (351) 213 472 381.
emb.lisboa@maec.es.
Consulado de España en Oporto
Rua D. João IV, 341. Telf. 225 363 915. cog.oporto@maeg.es.

ta bancaria en el terminal de pago y el sistema asociará automáticamente la matrícula del vehículo a la tarjeta bancaria. Los subsiguientes peajes se debitarán automáticamente en la cuenta asociada a la tarjeta. La adhesión es válida durante 30 días y tiene un coste de 0,60 € + IVA, además de una tasa administrativa de 0,26 € + IVA por viaje.

Puede ocurrir que al entrar en Portugal no se pase por un Punto de Bienvenida con EASYtoll. En ese caso, una segunda opción es la **tarjeta de prepago Toll Card**, con un valor fijo de 5, 10, 20 o 40 €. Tras adquirirla, se deberá activar mediante el envío de un mensaje por teléfono móvil con el código impreso en la tarjeta y la matrícula, de modo a poder asociarla al vehículo. El cliente podrá consultar el saldo y cuando este se agote recibirá un mensaje de alerta.

Aún existen dos alternativas. La primera es adquirir el Toll Service, un título de prepago válido para 3 días con un coste fijo de 20 €. Se podrá adquirir en los puntos EASYtoll, en algunos hoteles de Portugal o en portugaltolls.com. La matrícula se asocia a la tarjeta en el momento de la compra.

La última opción es solicitar el dispositivo Via Verde Visitors, que cuesta 5 € la primera semana y 1,5 € las siguientes. Se puede adquirir en la página de de CTT o en una tienda de Via Verde (www.viaverde.pt).

Asimismo, los **dispositivos españoles VIA-T** son válidos para pagar los peajes portugueses tradicionales y también para los peajes electrónicos implantados en las antiguas autovías SCUT con peaje electrónico. Conviene confirmarlo con el emisor antes de cruzar la frontera. Ahora bien, si se dispone de este dispositivo y del Via Verde se debe evitar tener ambos visibles al pasar por debajo de un peaje electrónico, ya que se corre el riesgo de que se cobre dos veces el importe.

El clima.

El Portugal continental se suele caracterizar por tener temperaturas de tipo atlántico y mediterráneo, en general agradables, con inviernos poco rigurosos y veranos con calor moderado.

Las mejores épocas del año para visitar Oporto son sin duda la primavera y el otoño. En época de primavera, con unas temperaturas suaves y algunas lluvias, sorprenderá la floración de almendros y frutales, y en otoño resultan especialmente bonitas las zonas donde proliferan sobre todo los bosques de castaños y robles.

Oporto tiene un clima húmedo y muchas mañanas la niebla es intensa. Las temperaturas son suaves y es extraño que hiele, aunque la sensación térmica es fría cuando falta el sol. Las fiestas de la vendimia en el Douro (en septiembre) o las fiestas de São João en Oporto (23 y 24 de junio) pueden ser un aliciente para viajar en esas fechas.

Combustible.

Salvo en áreas de servicio de las vías principales, la mayor parte de las gasolineras suelen cerrar a medianoche.

Actualmente el combustible es más caro en Portugal que en España, debido a los impuestos que gravan este producto. Además Portugal funciona con un sistema de precios máximos, por lo que no esperéis encontrar diferencias de precio entre gasolineras. Únicamente es posible encontrar una diferencia sustancial en las gasolineras de algunos hipermercados, como Intermarché o Jumbo.

En las gasolineras hay gasolina sin plomo *(sem chumbo)* y gasoil. Conviene comprobar el estado del depósito antes de abandonar las vías principales, ya que en las carreteras secundarias pueden pasarse kilómetros sin que aparezca una estación de servicio.

ℹ Oficinas de Turismo

Sé (Torre Medieval). Calçada Dom Pedro Pitões, 15.
Telf. 93 5 557 024 / 223 326 751. WhatsApp: +351 938 668 462
Porto Welcome Center. Praça Almeida Garret, 27.
Telf. 935 557 024.
Oficina de Turismo - Aeropuerto Francisco Sá Carneiro.
En la terminal de llegadas.
En Vila Nova de Gaia. Posto de Turismo do Centro Histórico.
Avenida Diogo Leite, 135. Telf. 223 775 288, www.cm-gaia.pt
En Matosinhos. Av. General Norton de Matos 35.
Telf. 229 392 412, www.cm-matosinhos.pt
Posto de Turismo Leça da Palmeira. Rua Hintze Ribeiro 13.
Telf. 229 392 413; www.cm-matosinhos.pt

Turismo de Oporto pone a disposición de sus visitantes un teléfono para contactar por Whatsapp (938 668 462), un *e-mail* (info@visitportoandnorth.travel) e incluso un chat (https://visitporto.travel/contact-us).

Sanidad. No hacen falta vacunas para ir a Oporto. Una vez allí, siempre que se necesite asistencia médica se deberá acudir al centro de salud más cercano. Los servicios de urgencia de los hospitales se deben utilizar solamente en caso de situaciones graves.

Para recibir atención médica es necesaria la **Tarjeta Sanitaria Europea** (TSE). Esta tarjeta individual certifica el derecho de su titular a recibir prestación sanitaria durante una estancia breve en cualquiera de los países integrantes de la Unión Europea, del Espacio Económico Europeo y Suiza. La TSE se emite, previa identificación personal, en los **Centros de Atención e Información de la Seguridad Social** (CAISS) del Instituto Nacional de la Seguridad Social, por teléfono y a través de Internet (www.seg-social.es). Con esta tarjeta, además de una idéntica asistencia sanitaria, se puede, ya en España, solicitar el reintegro de los gastos médicos y farmacéuticos ocasionados (hay que conservar los justificantes o recibos de estos gastos). En caso de precisar medicamentos con receta, hay que pedirle al médico que la redacte empleando el nombre genérico.

Si sois titulares de algún tipo de seguro médico privado, este estará determinado por las condiciones específicas recogidas en el contrato del mismo en el país de origen.

Farmacias. Al igual que en España, se identifican por la señal de una cruz verde luminosa. El horario suele ser de 9 h a 13 h y de 15 h a 19 h. Los sábados solo abren por las mañanas.

Las farmacias de guardia más próximas se indican en algún lugar visible de cada farmacia y en la prensa local. Además, se puede saber cuál es la farmacia más próxima en www.farmaciasdeservico.net.

Jóvenes y estudiantes. Conviene llevar el Carné Joven Europeo, todo un clásico con el que se pueden obtener una serie de descuentos al alcance de los jóvenes en servicios como transportes, entrada a museos, compras, etc. Tiene una duración de 4 años. Más información en www.eyca.org.

El **Carné Internacional de Estudiante** (ISIC), permite obtener descuentos en transportes, museos, etc., así como un seguro de viajes con servicio de emergencia, ayuda médica y legal durante las 24 horas. Cuesta 10 €, con una duración de un año y sin límite de edad.

Otro carné que no debe faltar es el **Carné Internacional de Viajes para Jóvenes, GO'25** (IYTC) para menores de 25 años. Cuesta 10 € y tiene una validez de un año. Para más información sobre estos carnés, ventajas que ofrecen, etc., conviene acercarse a cualquier **Punto de Información Juvenil** (PIJ) de la ciudad (en España), al **Instituto de la Juventud** (INJUVE; www.injuve.es; telf. 917 827 600), o a la **TIVE** (Oficina Nacional de Turismo e Intercambio de Jóvenes y Estudiantes); en Madrid, Fernando el Católico, 88; telf. 915 437 412. Otra posibilidad es el **Billete Interrail,** que en el caso de Portugal se incluye en la zona F, con España y Marruecos. Más información en: www.renfe.com o en www.interrail.eu.

Alojamiento. En Portugal se puede dormir a la carta, pues hay una gran clasificación de alojamientos de acuerdo con todos los gustos y presupuestos: desde los grandes hoteles o las *pousadas* y *estalagens,* hasta los albergues juveniles, *pousadas de juventude* o los cámpings *(parques do campismo),* pasando por el turismo rural y de *habitação* (TH) y el Agroturismo.

La temporada alta, además de los meses de verano, incluye Semana Santa y las fechas en las que se celebran las fiestas mayores de ciudades y pueblos así como consolidados festivales de música cada vez más numerosos en todo el país. Por el contrario, en temporada baja (de octubre a mayo), los precios pueden reducirse hasta un 25 por ciento. Existen publicaciones privadas y públicas que pueden ser de gran utilidad para escoger el tipo de alojamiento adecuado a nuestro presupuesto.

En marzo de 2018 entró en vigor la tasa municipal turística a fin de consolidar una ciudad más atractiva y sostenible. La **tasa turística** se aplica al precio de cada pernoctación en hoteles o cualquier tipo de alojamiento turístico de los huéspedes mayores de 13 años, hasta el límite de 7 noches por estancia. El valor de la tasa es 2 € por noche.

Los huéspedes que viajen por un tratamiento médico y su acompañante, así como los huéspedes con un mínimo del 60% de discapacidad, no están sujetos a dicha tasa.

Pousadas de Juventude y albergues juveniles

Las llamadas *pousadas de juventude* son lo que en España conocemos con el nombre de albergues juveniles.

Para poder permanecer en ellos es necesario el **Carné Internacional de Alberguista,** que se expide en los Puntos de Información Juvenil (P.I.J.) de cada ciudad, o en los albergues de la Red Española de Albergues Juveniles (REAJ), www.reaj.com y en algunos albergues. Los precios suelen oscilar dependiendo de la época del año y pueden disponer de habitaciones múltiples con literas (sin baño privado), o habitaciones dobles con baño privado (más caras); además en algunas *Pousadas de Juventude* el desayuno no suele estar incluido.

Para más información, **Rede Nacional de Turismo Juvenil.** Rua Lúcio de Azevedo, 27, Lisboa. Telf. 217 232 100. www.movijovem.pt, www.pousadasdejuventude.pt.

Urgencias

Emergencias 24 h: 112
Salud 24 horas: 808 242 424
Información general: 118
Comisaría para el turista:
222 092 006; prtetur@psp.pt

Turismo rural

El **Turismo de Habitação** (TH) alquila casas (o habitaciones) solariegas, quintas, *paços,* villas o residencias de gran valor arquitectónico. Este turismo está muy extendido sobre todo en el norte del país. Se ubican fuera de las ciudades, tanto en el campo como en pequeñas poblaciones. Para más información y reservas dirigirse a: **Associação de Turismo de Habitação Turihab, Solares de Portugal** y **Central Nacional de Turismo no Espaço Rural CENTER** (www.turihab.pt; www.solaresdeportugal.pt; www.center.pt).

El **Agroturismo** (AT/AG) es un tipo de alojamiento parecido pero integrado en una explotación agrícola o agropecuaria, con la posibilidad de participar en labores del campo. Más información en www.toprural.pt.

Transportes urbanos. Oporto cuenta con una excelente red de transportes urbanos que incluye barco, bus, tren, metro y tranvía.

Cómo ahorrar

La tarjeta **Andante** es un bono para desplazarse en autobús, metro o tren por la ciudad de manera económica. Las hay de distinta validez y precios en función de zonas y tiempo. Se puede adquirir en las oficinas de turismo y estaciones de metro.

La **Porto Card** nos permite disfrutar de entradas gratuitas y descuentos en diferentes museos de la ciudad, tiendas, restaurantes, salas de espectáculos, así como en rutas y atracciones turísticas.

Traslados desde el aeropuerto

Existe la conexión vía metro (línea E o Linha Violeta) la cual tiene enlace al centro de Oporto y a la red ferroviaria. Los trayectos desde el Aeropuerto Francisco Sá Carneiro tardan unos 25 minutos a la estación Casa da Música, la Estação de Campanhã o el Estádio do Dragão un poco más de media hora. Funciona de 6 h a 1 h.

Las líneas de autobús 601, 602 y 604 conectan el aeropuerto y diversos puntos de la ciudad de Oporto, pero son mucho más lentas que el metro. Ese mismo trayecto en taxi rondará los 25-30 € (sin equipaje).

Transportes urbanos

A pesar de sus empinadas cuestas, Oporto es una ciudad amable para los peatones, donde los pasos de cebra se respetan y las distancias son cortas. Si a esto unimos el atractivo de los comercios tradicionales y su arquitectura, ir a pie es la mejor opción.

Autobuses urbanos. Existen tres turnos de autobuses, diurno entre las 6 h y 21 h, nocturnos entre las 21 h y la 1 h y de madrugada entre la 1 h y las 6 h. Más información en www.stcp.pt.

Metro. Inaugurado en 2003, cuenta con más de 70 km de extensión y dispone de 6 líneas. Es necesario comprar una tarjeta *Andante*. Más información: www.metrodoporto.pt; www.linhandante.com.

Tranvía. Quedan solo dos líneas testimoniales, además del moderno funicular dos Guindais (cerrado por obras en el cierre de esta edición, aunque está previsto que abra en breve). Lo cierto es que no son un medio de transporte de masas, pero realizan un verdadero "viaje al pasado". Los billetes se pueden comprar en el propio tranvía (pero más caros). Más información en www.stcp.pt.

En bicicleta

Se pueden transportar las bicicletas en los trenes *Regionais, Inter-regionais* y en los suburbanos de Lisboa, Oporto y Coímbra. Algunas de las empresas de alquiler de bicicletas y *scooters* son **Vieguini,** (Rua Nova da Alfândega, 7; telf. 914 306 838; www.vieguini.pt), **Oporto Special Rental Bikes** (Rua António Bessa Leite, 1406; telf. 916 582 978; www.oporto-specialrentalbikes.pt), **Top Bikes Tour Portugal** (Rua João das Regras 62; telf. 915 316 999; www.topbiketoursportugal.com), **Ciclo** (Rua General Torres, 24, Vila Nova de Gaia; telf. 933 405 845) o **Bluedragon** (Rua Alexandre Herculano, 251; telf. 912 562 190, www.bluedragon.pt), que organizan paseos temáticos.
Se recomienda consultar toda la red de carriles bici de Oporto y otras poblaciones portuguesas en www.ciclovia.pt.

Funicular dos Guindais. Su construcción se llevó a cabo en 1891 y fue renovado en 1994. Une la Praça de Batalha (cerca de la Igreja de Sta. Clara) con la Ribeira, en su parte oriental. Pensado para los que no quieran hacer ejercicio y perderse por las ruas de la Ribeira, aunque sea muy recomendable y prefieran "la montaña rusa". En el cierre de esta edición se encontraba en reformas, pero está previsto que abra en breve. Más información, en la web: www.metrodoporto.pt.

Barco. En Rua do Ouro, al lado del Ponte da Arrábida, se halla un embarcadero en el que existe un servicio regular de barcas que atraviesan el río hasta Afurada, en Vila Nova de Gaia. El Douro River Taxi permite cruzar en barco de Oporto a Vila Nova de Gaia en pocos minutos (3,5 €, dourorivferferry.com).

Taxis. El servicio lo prestan coches *beiges o negros* con techo verde, que tienen paradas en puntos turísticos de la ciudad. Algunas compañías son: *RadiTaxis,* telf. 225 073 900; www.raditaxis.pt y *Taxis Invicta,* telf. 225 076 400; www.taxisinvicta.com.

Coche y aparcamiento. La ciudad tiene una circunvalación, la Via de Cintura Interna, que une los puentes de Arrábida y Freixo con el centro de la ciudad, donde hay aparcamientos públicos y privados.

 Cruceros por el río

Con el aumento de la afluencia de turistas, se han multiplicado las ofertas. Existen cruceros de menos de una hora que pasan por debajo de cinco de los puentes que conectan Oporto con Vila Nova de Gaia, cruceros de un día que remontan (y/o descienden) el Duero desde Oporto hasta Régua, Pinhão, Pocinho o Barca d'Alva, y cruceros de dos, tres o más días para disfrutar del paisaje de manera más distendida. Asimismo, también hay la posibilidad de embarcarse en un viaje temático, por ejemplo visitando una quinta tradicional y observando y participando en el proceso de elaboración del vino. El río Duero es navegable hasta España gracias a varias esclusas que ayudan a salvar los cambios de altura. Algunas de las empresas más destacadas son: www.douro.com.pt, www.roteirododouro.com y www.douroazul.com.

La web www.parkopedia.pt permite encontrar aparcamiento de manera rápida y práctica.

Transportes interurbanos

Autobuses. Entre los autobuses existen los servicios regionales o *carreiras* y los servicios nacionales o *expressos*. *Auto Viação do Minho* (telf. 258 800 340; www.avminho.pt) va hacia Ponte de Lima, Póvoa de Varzim, Esposende, Paredes de Coura, Viana do Castelo y *Rede Expressos* (telf. 217 524 524; www.rede-expressos.pt).

Estaciones de ferrocarril. Existen cuatro líneas de trenes de cercanías o suburbanos. Están adaptados a personas con movilidad reducida y son modernos y cómodos, por lo que es una opción a tener en cuenta. Para viajar en los suburbanos existen diferentes tipos de billetes y bonos de 10 viajes. Para más información visitar www.cp.pt.

Calendario de fiestas

Primero de año. 1 de enero.
Concierto de Año Nuevo. Varias salas de espectáculo ofrecen conciertos de música clásica.
Martes de Carnaval. La fecha es variable dependiendo del año.
Fantasporto-Festival Internacional de Cine de Oporto (marzo). Uno de los más importantes festivales de cine fantástico de Portugal; www.fantasporto.com
Fazer a Festa y Festival Internacional de Teatro de Expressão Ibérica (mayo y junio). Dos festivales de teatro que se celebran de modo consecutivo.
Fiestas de Semana Santa. Viernes Santo: variable y Domingo de Resurrección.
Aniversario de la Revolución de los Claveles. 25 de abril.
Día del Trabajo. 1 de mayo.
Imaginarius (mayo). Festival Internacional de Teatro de Calle celebrado en la vecina población de Sta. Maria da Feira.
Queima das Fitas (mayo). Semana de los estudiantes, con distintos actos lúdicos y académicos por la zona universitaria y el centro histórico.
Serralves em Festa (junio). Visitas al museo, conciertos y otras

actividades lúdicas abiertas a todo el mundo.
Primavera Sound (junio). Uno de los principales festivales de música electrónica del mundo.
Festividad del Corpus Christi. Fecha variable.
Día de Portugal. 10 de junio
Fiesta de la ciudad de Oporto (San Juan, 24 de junio).
Las ventanas se llenan de tiestos de albahaca, y en la calle la tradicional y pacífica batalla de martillos pilones.

Festival Internacional de Música de Gaia (junio). Conciertos de música clásica.

Marés Vivas (julio). El mayor festival de música del norte de Portugal, en Vila Nova de Gaia.

Noites do Palácio (julio). Festival de música en los jardines del Palácio de Cristal.

Jazz no Parque (julio). En los jardines de la Fundación de Serralves.

Fiesta de la Asunción de Nuestra Señora. 15 de agosto. Diversas romerías.

San Bartolomé (domingo siguiente al 24 de agosto). Se emplaza en la desembocadura del río.

Feria del libro de la ciudad de Oporto (septiembre).

Festival da Francesinha (septiembre). Ideal para tomar el plato estrella de Oporto.

Implantación de la República. 5 de octubre.

Día de Todos los Santos. 1 de noviembre.

Maratón. En noviembre.

Restauración de la Independencia. 1 de diciembre.

Inmaculada Concepción. 8 de diciembre.

Navidad. 25 de diciembre.

Desfile en la Festa de São João, en junio.

Propinas.

Propinas. Como en España, aunque el servicio va incluido en las facturas, es costumbre dejar propinas en los bares, cafeterías, restaurantes, taxis, porteros y mozos de hotel.

La cuantía suele ser de un 10 por ciento. Se suele dejar entre 0,50 € y 1 € por consumición.

Aceptan también propina los guías turísticos, taxis, servicio del hotel y peluqueros.

Cajeros automáticos.

Cajeros automáticos. Cada vez es más fácil encontrarse en Portugal con sucursales de los principales bancos y cajas españolas.

En Portugal existe una red de cajeros automáticos conocida como Multibanco (MB), con la que trabajan todas las entidades bancarias (también las internacionales). Este sistema ofrece una gran ventaja para los ciudadanos portugueses, ya que con un *cartão* multibanco (tarjeta de débito), pueden disponer de dinero en cualquier parte sin pagar comisión. Se puede disponer de **dinero en efectivo** con tarjetas de débito o de crédito (aunque con estas últimas cobran una comisión más alta). Los cajeros ATM están pensados especialmente para turistas. Lo más cómodo para evitar las comisiones es pagar con **tarjeta.**

Hora oficial.

Hora oficial. La hora oficial en España y en Portugal era la misma hasta que, desde hace algunos años, se ha vuelto a utilizar el horario original. Se sigue la hora marcada por el meridiano de Greenwich, es decir, una hora menos que en la España peninsular.

Horarios comerciales

El horario en Portugal es diferente al español. Es más "europeo": se madruga más, se come antes, las tiendas cierran a media tarde y no se trasnocha tanto. El horario comercial más frecuente es de 9 h a 13 h y de 15 h a 19 h. Los sábados por la tarde y los domingos las tiendas suelen cerrar. Algunos hipermercados y centros comerciales tienen horario de 10 h a 22 h, o incluso hasta las 24 h. Los **bancos** están abiertos de 8.30 h a 15 h, de lunes a viernes. Los **restaurantes** abren para el almuerzo, de 12 h a 15 h. Para las cenas, va de 19 h a 22 h.

📖 Tiendas históricas

El proceso de gentrificación que está viviendo la ciudad provocó que el Ayuntamiento reaccionara. En 2017 puso en marcha una medida pionera a escala nacional: la protección de los comercios históricos y emblemáticos, muchos de ellos asfixiados debido a la especulación inmobiliaria y la no renovación de los contratos de alquiler. Actualmente cuenta con más de cien comercios. El programa "Porto de Tradição" otorga exenciones fiscales y otras medidas especiales a las tiendas clasificadas como históricas.

Algunos de los establecimientos más emblemáticos que gozan de dicho reconocimiento, entre otros, son las librerías Lello y Académica; las tiendas de semillas y plantas A Sementeira y Casa Hortícola; las joyerías y orfebrerías Machado, Coutinho, Eduardo Carneiro y Luís Ferreira; las cafeterías Guarany, Majestic y Piolho; las tiendas de alimentación y bodegas Casa Januário, A Favorita do Bolhão, O Cafezeiro y la Queijaria Amaral; y el restaurante O Escondidinho.

Envíos

Si necesitáis que os envíen dinero desde España en las oficinas de correos se puede hacer un giro, con un plazo de entrega de entre 4 y 6 días hábiles. **Correios (Município).** Praça General Humberto Delgado. De lunes a viernes 8.30 h a 21 h, sábado de 9 h a 18 h. **CTT Correios** (Portugal). Telf. 210 471 616; www.ctt.pt.

En los **monumentos** el horario de la mayoría de ellos es generalmente de 10 h a 12.30 h y de 14 h a 17 h. Suelen cerrar los lunes y los residentes tienen acceso es gratuito los domingos por la mañana; algunos **palacios** cierran los miércoles y muchas iglesias solo abren en horas de culto. En cuanto a los **museos,** los hay de carácter nacional, regional y local. Para más información se puede consultar la **Direcção-Geral do Património Cultural** (www.patrimoniocultural.gov.pt).

Teléfono y wifi. Con la actual normativa aprobada en la Unión Europea en cuanto a la itinerancia de datos *(roaming)*, es posible hacer uso de nuestros dispositivos en el extranjero, dentro de la UE, sin recargo.

Esto incluye llamadas a teléfonos móviles y fijos, el envío de mensajes de texto (SMS) y la utilización de los datos de nuestro teléfono móvil. Lo mismo pasa con la persona que llama. Es decir, durante tu estancia en Oporto pagaréis lo mismo que se paga en España por hacer uso del teléfono móvil. Esto, sin duda, es muy cómodo y práctico. Ya no hace falta ir a una cafetería para poder navegar por la red. Resulta especialmente útil para consultar el GPS y no perderse por las calles de la ciudad. Casi todos los hoteles incluyen wifi.

Viajeros con movilidad reducida. Para aquellas personas para las que viajar entraña dificultades de accesibilidad, Portugal no es ningún paraíso, aunque poco a poco, algunas cosas van cambiando.

Los monumentos y museos principales, así como los de nueva construcción, suelen cumplir con los requisitos de accesibilidad apropiada, pero viejos castillos o zonas arqueológicas aún no están preparados.

A la hora de elegir un hotel, hay que informarse sobre el mismo y, en todo caso, elegir los de más reciente construcción, pues estos han de cumplir una serie de medidas legales sobre el diseño. Los transportes públicos suelen disponer de rampas y asientos reservados.

En Oporto la **Cruz Roja** (www.cruzvermelha.pt) también ayuda a personas con movilidad reducida. El metro de Oporto no presenta problemas graves de accesibilidad, ni tampoco los suburbanos.

En lo que a trenes se refiere, aún no están totalmente adaptados. Los aeropuertos portugueses disponen de aseos, sillas de ruedas, servicio de asistencia para personas con movilidad reducida, siempre y cuando se soliciten.

La **Federación de Entidades Colaboradoras con el Minusválido** (Gran Via de les Corts Catalanes, 562 Pral. 2ª. 08011 Barcelona, telf. 934 515 550, www.ecom.cat, estudia cada proyecto de viaje e incluso pone a disposición del viajero acompañantes.

Idioma. El idioma oficial es el portugués. Muy similar al español, leerlo lleva a engaño, ya que entender un rótulo o un periódico puede ser sencillo, pero comprender una conversación a veces resulta imposible.

Fonéticamente más rico que el castellano, su pronunciación trae de cabeza a los españoles, mientras la mayoría de los portugueses son capaces de entender bastante bien todo lo que decimos, e incluso hablan un poco de español. Resulta bastante fácil comunicarse si uno se esfuerza y le hablan despacio. No obstante conocer algunas palabras de portugués le ayudará en su viaje, le facilitará las cosas y le abrirá las puertas de la simpatía local. El inglés está cada vez más extendido. A continuación se ofrece un pequeño vocabulario de términos y frases más frecuentes.

Vocabulario

castellano	portugués
Términos básicos	
hola	olá
adiós	adeus
sí/no	sim/não
por favor	por favor
gracias	obrigado/a
buenos días	bom dia
buenas tardes	boa tarde
buenas noches	boa noite
perdón	desculpe
está bien	está bem
de nada	de nada
¿cómo está?	como está?
bien, gracias	bem, obrigado (a)
hoy	hoje
no comprendo	não percebo

Bancos, compras

banco	banco
cajero	multibanco
correos	correio
cambio	troco
monedas	moedas
billete	notas
propina	gorjeta
tarjeta	cartão de crédito
¿cuánto cuesta?	quanto custa?

Alojamiento

hotel	hotel
¿tienen habitación?	
	tem um quarto livre?

tengo una reserva
    tenho um quarto reservado
¿cuánto cuesta por noche?
    qual é o preço por noite?
habitación individual
    quarto simples
habitación doble con baño
    quarto de casal
    com casa de banho
habitación con dos camas
    quarto com duas camas

una noche	uma noite
llave	chave
señoras/es	senhoras/senhores
abierto	aberto
cerrado	fechado

Transportes

aeropuerto	aeroporto
autobús	autocarro
estación	estação
parada	paragem
un billete para	um bilhete para
de ida	de ida
ida y vuelta	ida e volta

¿cómo se va a ...?
    como se vai para?
¿a qué distancia ...?
    a que distância?

¿dónde está?	onde fica?
coche	carro
gasolina	gasolina
gasolinera	bomba de gasolina
tren	comboio

Días de la semana

Domingo	*Domingo*
Lunes	*Segunda-feira*
Martes	*Terça-feira*
Miércoles	*Quarta-feira*
Jueves	*Quinta-feira*
Viernes	*Sexta-feira*
Sábado	*Sábado*

Estaciones

Primavera	*Primavera*
Verano	*Verão*
Otoño	*Outono*
Invierno	*Inverno*

Meses

Enero	*Janeiro*
Febrero	*Fevereiro*
Marzo	*Março*
Abril	*Abril*
Mayo	*Maio*
Junio	*Junho*
Julio	*Julho*
Agosto	*Agosto*
Septiembre	*Setembro*
Octubre	*Outubro*
Noviembre	*Novembro*
Diciembre	*Dezembro*

Números

0	*zero*
1	*um/uma*
2	*dois/duas*
3	*tres*
4	*quatro*
5	*cinco*
6	*seis*
7	*sete*
8	*oito*
9	*nove*
10	*dez*
11	*onze*
12	*doze*
13	*treze*
14	*catorze*
15	*quinze*
16	*dezasseis*
17	*dezassete*
18	*dezoito*
19	*dezanove*
20	*vinte*
21	*vinte e um*
30	*trinta*
40	*quarenta*
50	*cinquenta*
60	*sessenta*
70	*setenta*
80	*oitenta*
90	*noventa*
100	*cem*
200	*duzentos*
300	*trezentos*
400	*quatrocentos*
500	*quinhentos*
600	*seiscentos*
700	*setecentos*
800	*oitocentos*
900	*novecentos*
1.000	*mil*
10.000	*dez mil*
100.000	*cem mil*
1.000.000	*um milhão*

LA
VISITA

Visita a Oporto (Porto)

Todo el casco antiguo, delimitado por las murallas del siglo xiv, y la zona de Vilanova de Gaia, en la que se encuentran las bodegas, fueron declarados Patrimonio de la Humanidad por la Unesco en 1996. La ciudad ha sido objeto de un ambicioso proyecto de rehabilitación para transformarla en un lugar atractivo para la población y el turismo. Monumentos emblemáticos de la historia urbana, hasta hace poco olvidados, han sido recuperados al tiempo que se apuesta por la arquitectura más novedosa plasmada, entre otros, en la

Fundação de Serralves (Centro de Arte Contemporáneo), obra del arquitecto portugués Álvaro Siza Vieira, o en la del holandés Rem Koolhaas para la Casa da Música (sala de conciertos), sin olvidarnos del metro. Pero todo ello no altera el Oporto eterno, el de las fantásticas perspectivas barrocas y los puentes sobre el Douro, el que nos cautiva visto desde la Torre dos Clérigos o el Monasterio da Serra do Pilar. Los vinos siguen envejeciendo pausadamente en las bodegas de Gaia, las tardes lluviosas adquieren un romanticismo *garrettiano* en una mesa del Café Majéstic, el tranvía continúa circulando por la Ribeira y la, en su día futurista, silueta de los puentes "estilo Eiffel" se desvanece entre las nieblas matinales.

Planificación de la visita

La Catedral, la Ribeira y Miragaia son lugares emblemáticos por donde conviene empezar la visita. El centro constituye una buena muestra de la arquitectura de principios del siglo xx. La Torre dos Clérigos, obra del siglo xviii, preside, a modo de emblemático faro, un sector dominado por voluminosos edificios neoclásicos. Al este del núcleo histórico, los barrios de Bonfim y Campanhã cuentan con monumentos tan notables como el Puente de Dona Maria Pia o el Palacio do Freixo. En Boavista, con su área residencial y ajardinada mirando hacia el mar, resulta obligada la visita a la Fundação Serralves.

La Foz, por su parte, pasó de zona defensiva a zona de paseo. Vila Nova de Gaia posee un mirador privilegiado en el Monasterio da Serra do Pilar. Las bodegas embotellan los preciados vinos olorosos de merecida fama internacional y en Afurada aún podemos encontrar las historias de los viejos pescadores.

A ambos lados del puerto exterior de Leixões se ubican los núcleos de Leça da Palmeira, con su barrio antiguo y la célebre Casa de Chá, y Matosinhos, cabecera municipal, dotada de los servicios propios de una ciudad y famosa por su Santuario do Senhor Bom Jesus.

La catedral (Sé) y el Palacio Episcopal

Cualquier relato sobre el Oporto medieval debe comenzar en la **Sé** (Catedral), su *terreiro* (plaza), en el que se alzan la almenada **Torre da Calçada de Dom Pedro Pitões,** un **pelourinho** neopombalino de columna salomónica y el **monumento** ecuestre **a Vimara Pérez** (el Cid local), tanto vale para admirar el Puente de Dom Luís I y Gaia como para constatar las mejoras poco a poco introducidas en el maltrecho casco histórico de angostas ruas gremiales.

Iglesia, museo y claustro: en verano, de 9 h a 18.30 h; en invierno, de 9 h a 17.30 h.

A pesar de que su construcción se inició a mediados del siglo xii, en la catedral de Oporto domina el estilo gótico sobre el románico, en una filiación mixta de las escuelas de Coímbra y del Limusín francés, a consecuencia de las relaciones comerciales que la ciudad había establecido con la región de Rochelle. Bajo las numerosas reformas, el edificio conserva aún el aspecto externo de fortaleza, propio de su fundación medieval. La fachada presenta un rosetón original y añadidos barrocos en torres y portada, mientras en una de las fachadas laterales se abre un elegante pórtico atribuido a Nicolau Nasoni, que llegó a Oporto precisamente para colaborar en estas obras. Las soluciones artísticas aquí ensayadas influyeron profundamente en el norte del país.

La historia de este singular edificio puede dividirse en tres grandes periodos: el de su fundación en tiempos medievales, el de su transformación en época moderna condicionada por la reforma católica y el de las restauraciones del siglo xx que pretendieron despojarla de todos los añadidos que ocultaban su aspecto original.

Parece que ya durante la época de dominación sueva de Oporto existió un obispo en la ciudad y, por tanto, una iglesia catedral; más tarde, tras la conquista de Vimara Peres, consta que dicho edificio fue reconstruido junto a otros de la región. En 1110 el composte-

Vista del casco viejo al anochecer, con la torre de los Clérigos al fondo.

57

lano D. Hugo fue nombrado obispo de la ciudad, promoviendo entonces la construcción de una catedral de estilo románico. El proyecto constaba de tres naves, transepto, cabecera tripartita y deambulatorio con capillas radiales, a la manera de las iglesias de peregrinación de Europa occidental. Sin embargo, por razones desconocidas, el ritmo de trabajo decayó a mediados del siglo y no fue reavivado hasta final del mismo, bajo el mandato del obispo D. Fernando Martins. Se decidió entonces contratar ma-

no de obra en Coímbra, incluyendo al arquitecto Soeiro Anes, que fue el que llevó adelante la ejecución de la catedral y su portada, si bien esta no fue terminada hasta el siglo XIII, como delata su rosetón ya claramente gótico. Gracias a la vitalidad de la ciudadanía y de los miembros más destacados de la sociedad portuense, durante el posterior periodo gótico fueron añadidos algunos de los espacios más representativos de la catedral.

Tal es el caso del **claustro**, construido a finales del siglo XIV, por ini-

Terreiro da Sé, con el pelourinho y la catedral.

Una ciudad antigua

En palabras de Camões, Oporto era la "leal cidade, donde teve origem –como é fama– o nome eterno de Portugal". La que fuese en el medievo modesta villa episcopal amurallada, alcanzó un primer periodo de esplendor con João I, casado con Filipa de Lencastre en 1387 para sellar la alianza luso-británica. Más tarde, en la expedición a Ceuta organizada en sus muelles por Enrique el Navegante (1415), la villa volvió a cobrar gran importancia económica. Arrebatado el comercio de Ultramar por Lisboa, encontraría su nueva fuente de riqueza en la producción vinícola, en gran medida organizada por firmas británicas. La influencia inglesa, aún patente en la arquitectura, se prolongó durante el romanticismo, movimiento en el que descuella la figura de Almeida Garrett, prominente hombre de letras y político liberal.

Oporto encabezó la revolución liberal de 1820 aclamando el desembarco de Pedro IV. Ya coronado, el rey constitucional donó su corazón a la ciudad que había resistido el asedio de los miguelistas (seguidores del rey absolutista Miguel I) durante once meses. Un refrán dice "Lisboa se divierte, Braga reza y Oporto trabaja". Si fue cierto en el pasado, hoy han cambiado las cosas. Además de ser el motor económico de Portugal, también Oporto se divierte, y mucho.

ciativa del obispo D. João, hombre fiel a la nueva dinastía Avis. La gran calidad plástica de este espacio sigue, por lo demás, la tipología común a los claustros góticos portugueses, con vanos de tipo *trifora* sustentados por columnas geminadas y rematados por un óculo, hallándose el conjunto flanqueado por contrafuertes (como en la Sé de Lisboa o en el Monasterio de Alcobaça). Resulta curioso el imperfecto acabado de los arcos, que les confiere una humanidad alejada de la perfección divina. El revestimiento de azulejos que cubre el segundo piso es obra de António Vital Rifarto ya del siglo XVIII, con escenas tomadas del *Cantar de los Cantares* y de los *Salmos,* como era propio del ciclo de los Grandes Maestros, incluyendo, además, otros temas más profanos inspirados en las *Metamorfosis* de Ovidio.

Claustro de la catedral, maravilla del gótico portugués

En el **interior** de la Catedral, el espacio de las naves mantiene aún su original aspecto románico a pesar de los añadidos de época reciente como la pila bautismal renacentista o los púlpitos de mármol del siglo XVII. En el siglo XVIII, todo el edificio salvo la cabecera, fue revestido con elementos decorativos en yeso, definiendo una especie de falsa arquitectura en el interior de la estructura medieval.

Si avanzamos a través de sus estrechas y oscuras naves y nos detenemos en sus capillas, descubriremos obras de arte como la imagen de *Nossa Senhora de Vandoma* (siglo XIV) o la capilla funeraria de João Gordo, contador de D. Dinis y juez de la mar, enterrado aquí en un sepulcro de época gótica sostenido por leones, con escultura yaciente que lo representa. En el crucero se halla el *Enterramiento de Maria Pacheco,* mujer del comunero Padilla hasta aquí huida, disfrazada de labradora, y por siempre exiliada.

El aspecto actual que presenta la **capilla mayor,** con su bóveda de casetones y sus revestimientos marmóreos, es debido a las obras realizadas en el siglo XVII por iniciativa del obispo D. Gonçalo de Morais. Un siglo después (1727-1729) se añadió el **retablo** mayor según un proyecto de Santos Pacheco, cuya capacidad de innovación se vio favorecida por las dotes del escultor lisboeta Miguel Francisco da Silva –en colaboración con Luis Pereira da Costa– trasladando aquí el vocabulario del barroco joanino. Los frescos fueron ejecutados por el polifacético pintor de perspectivas y arquitecto Nicolau Nasoni. En la misma centuria se añadieron el **coro**, el

Ambiente de día en Oporto
[ver plano de las págs. 62-63]

⬤ Casco Viejo

Transitado por miles de turistas, el Casco Viejo, formado por los barrios de la Sé, Barredo, Ribeira y Miragaia, acoge importantes monumentos, además de un gran número de populares tiendas y restaurantes, muchos en la Ribeira. Las calles en cuesta, las fachadas de colores, las líneas del ferrocarril componen la postal más típica y alegre.

⬤ Santa Catarina y alrededores

Al este de la Avenida dos Aliados, en el ensanche de comienzo del siglo xx reside el corazón comercial de Porto. Su principal referente está en la peatonal Rua de Santa Catarina, con un sinfín de tiendas, concentradas, sobre todo, en el Centro Comercial Vía Catarina. La animación se prolonga alrededor del tradicional mercado do Bolhão.

⬤ Clérigos, Carmo y Cedefeita

Clérigos se caracteriza por la presencia de tiendas tradicionales y de artesanía. Terracitas que con el buen tiempo proliferan para tomar un vino con unos buñuelos de bacalao. En la gran explanada de la Cordoaria (parque) y la Rua do Carmo hay muchos restaurantes económicos y cafés frecuentados por universitarios. La calle peatonal de Cedofeita también es comercial y animada.

⬤ Vila Nova de Gaia

A Vila Nova de Gaia se acude, principalmente, para visitar sus bodegas, en las que envejece el vino de Oporto. Sobre los tejados sobrevuela la línea de un turístico teleférico. Multitud de terrazas han proliferado a la orilla del río y toda la zona se ha renovado, registrando gran animación casi a cualquier hora.

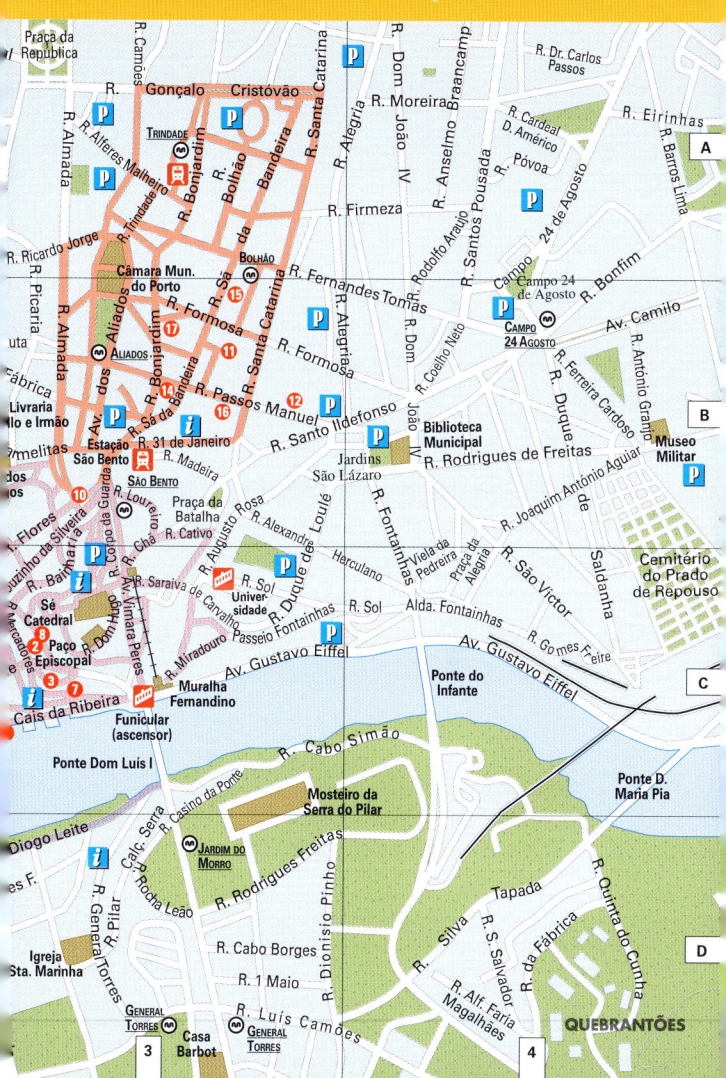

órgano situado a la izquierda del altar mayor y las balaustradas, así como el riquísimo **altar,** en plata repujada, de la Capilla del Sacramento. En 1772 fue remodelada la fachada del edificio sustituyéndose la antigua portada románica por la actual, que alberga, sobre el frontón, la imagen de *Nossa Senhora da Assunção,* patrona de esta catedral. También en ese momento se añadió en el lateral de poniente una logia de marcado carácter escenográfico que ha sido atribuida a Nasoni.

El **museo Tesouro da Sé** incluye piezas arqueológicas, imaginería, vestimentas litúrgicas y orfebrería, mereciendo ser destacadas las custodias de los obispos Diogo de Sousa y Rafael de Mendonça. También forma parte del conjunto catedralicio la **Casa del Cabildo,** renovada en 1722, en la que destaca la *Sala do Capítulo,* decoradas sus paredes con azulejos y con pinturas el techo, cubierto con grandes paneles en tela de temática alegórica y moral, pintados entre 1719 y 1720 por el artista italiano Paccini.

El **Palacio Episcopal**, gran edificio encargado a Nasoni por el obispo Rafael de Mendonça parece tener origen en un edificio anterior del siglo XIII, cuyos restos se conservan en el vestíbulo. En aquel edificio medieval se celebró el enlace entre D. João I y D. Filipa de Lencastre. El proyecto de Nasoni no fue concluido en vida del artista lo que, unido a una cierta prisa, condujo a importantes modificaciones en el plan original de la obra. Una de las características más notables del edificio es su adaptación al desnivel del terreno que se traduce en distintas alturas o en la existencia de hasta siete pisos en la fachada oeste. Modelo para otras muchas residencias barrocas, sus trazas fueron recreadas por el propio Nasoni, en la **Casa del Canónigo Domingos Barbosa,** hoy sede del **Museu Guerra Junqueiro** *(cerrado temporalmente).* Los fondos reunidos por este coleccionista, mostrado en las mismas dependencias como lo dejó, comprende escultura, cerámica y mayólicas, belenes flamencos, latón de Nuremberg y platería local, tapices de Bruselas, loza española, de Coímbra y Lisboa, mobiliario, etc. Su jardín es un oasis de paz.

Para visitar el **Arqueossítio** situado en la Rua D. Hugo, 5 *(telf. 223 393 480; museudacidade@cm-porto.pt),* hay que solicitarlo previamente; alberga algunas estructuras arqueológicas desde la Edad del Hierro, pasando por las épocas romana y medieval, muy importantes aunque poco elocuentes para el público menos especializado.

Un paseo por el barrio antiguo

Casas viejas destripadas, medianeras forradas de *onduline,* tenderos de familia numerosa, tejas planas para solaz gatuno y ventanas de guillotina a la inglesa, van dando paso, en los barrios de la ribera, a las más viviendas rehabilitadas de fachada amarilla o granate.

Al pie de la catedral, con una fuente barroca por medio, se levanta la **Igreja de São Lourenço** *(visita, de lunes a viernes, de 10 h a 18 h; sábados, de 10 h a 12.30 h y de 13.30 a 18 h),* conocida como **Igreja dos Grilos** por haber pertenecido a los agustinos descalzos. Sus constructores fueron los jesuitas, como atestigua su pertenencia al modelo manierista establecido en Roma por Vignola. La **fachada** da paso a un no menos atractivo interior, donde rezuma exotismo el sepulcro de Frei Luís Álvares de Távora, que descansa sobre dos elefantes.

El **Museu de Arte Sacra e Arqueologia** *(visita, de martes a viernes, de 9 h a 16.30 h; los lunes abre a las 10 h; sábado, de 10 h a 11.30 h y de 13.30 a 17.30 h),* instalado en el edificio del antiguo Seminario Mayor, atesora obras procedentes de parroquias y conventos diocesanos así como algunas piezas arqueológicas. Destaca la **sala Irene Vilar.**

A un tiro de piedra de la catedral también encontramos, entre los escasos ejemplos del gótico civil, los restos de la **Casa da Câmara Velha** y la **Casa do Beco dos Redemoinhos** (siglo XIV), situada justo tras la capilla mayor. Al otro lado de la Av. de D. Afonso Henriques, que partió el viejo barrio en dos para crear un acceso al puente de hierro, merece la pena entrar en la escondida **Igreja de Santa Clara** *(Largo 1º de Dezembro; todos los días, de 9 h a 13 h y de 14 h a 18 h),* cuya estructura gótica mendicante desaparece bajo un teatral escenario barroco de azulejos y talla dorada. En esta zona se mantiene en pie un considerable lienzo de la **muralla fernandina,** cuya construcción fue ordenada por el rey D. Afonso IV en 1336, si bien fue concluida alrededor de 1376, ya durante el reinado de D. Fernando, de quien conservó el nombre.

Desde aquí es posible descender a la Ribeira aprovechando para disfrutar la vista desde el **funicular dos Guindais** (conviene confirmar antes que esté abierto). Si se continúa el paseo se puede observar que, para suavizar el impacto del túnel que presta servicio al paso inferior del **Puente de D. Luís I,** fue colocado un panel en gres titulado *A Ribeira Negra,* obra de Júlio Resende (1987), que representa el ajetreo de las gentes de esta zona de la ciudad. Junto a dicho puente aún son visibles los pilares que sostenían el puente colgante, desmontado en 1887. Una placa de Teixeira Lopes, conocida por el pueblo como *Alminhas da Ponte,* recuerda a los miles de desgraciados que perdieron la vida el 29 de marzo de 1809, al hundirse el paso sobre barcas por el que trataban de huir de las tropas francesas.

La fachada fluvial de este típico barrio de marineros, con coloristas viviendas y soportales tabernarios —cuya función era guardar los barcos en caso de tormenta— ha sido recuperada con mucho acierto.

Más allá del **Cais da Estiva,** del que parten algunos cruceros por el río, se encuentra la **Praça da Ribeira** con su fuente pregona y su diseño cartesiano, obra del cónsul británico John Whitehead.

Camino de São Francisco pasamos junto a la **Casa do Infante,** caserón de los días de Afonso IV, que fue sede de la Alfândega Velha, y que en la actualidad acoge un núcleo museológico *(visita, de 10 h a 13 h y de 14 h a 17.30 h, cierra los lunes).* Este museo nos muestra toda la historia medieval de la ciudad, diversos aspectos de la vida del infante D. Henrique (1325), nacido según la tradición en esta casa, y por último nos muestra cómo era el funcionamiento de la antigua

Alfândega Régia (Aduana Real), aquí instalada.

En la propia calle dedicada al Infante, la vieja Bolsa do Comércio, cedida por el rey a los mercaderes en 1402, estaba oportunamente conectada con la Casa de la Moneda, facilitando con ello sisas, trampas y prevaricaciones. El homenaje de los *tripeiros* –portuenses– al conquistador de Ceuta continúa en la plaza presidida por su estatua. En torno a ella hay varios edificios relevantes, entre ellos la **Feitoria Inglesa**, obra de John Whitehead de 1790. Fue una institución de gran relevancia como Cámara de Comercio y todavía hoy desempeña funciones como club privado de exportadores de vino de Oporto.

Sin duda, el monumento más relevante de esta zona es la **Igreja de São Francisco** *(visita, de noviembre a febrero, de 9 h a 17.30 h; de marzo a junio y en octubre, hasta las 19 h; de julio a septiembre, hasta las 20 h)*. La estructura medieval de esta iglesia gótica fue edificada entre los últimos años del siglo XIV y los inicios del siguiente, si bien sus tres sencillas naves quedaron ocultas en el siglo XVIII por una selva barroca y rococó que constituye una muestra excepcional de la evolución de los talleres escultóricos portuenses.

Vista de la ciudad con la Bolsa en primer término.

Unos 200 kg de oro en total se emplearon para cubrir la talla de altares, arcos, columnas y techo, sembrados de esculturas, como un intrincado *Árbol de Jessé* (1721) que llega a marear. Junto a la entrada del templo se halla la **Casa do Despacho** que fue construida entre 1746 y 1752 según un diseño del sempiterno Nicolau Nasoni, albergando actualmente un pequeño museo y unas interesantes catacumbas. La adjunta **Igreja dos Terceiros** (o Igreja da Venerável Ordem Terceira de São Francisco) es obra del italiano Luigi Chiari (1796) lo que explica su gusto por las soluciones clasicistas.

Sobre el convento franciscano fue erigido, en 1842, y según proyecto de Joaquim da Costa Lima, el **Palacio de la Bolsa** *(visita guiada, de 9 h a 18.30 h; www.palaciodabolsa.com)*, en un estilo británico y neopalladiano, acorde con las tendencias del siglo XIX. Es propiedad

Ferias y mercados

Pájaros, flores, trastos viejos, etc., en general todo aquello que "sobra", se expone en estas *feiras* tan variadas:

Feira das Antiguidades e Velharias. Praça Dr. Sá Carneiro (en la antigua Praça Velásquez). El tercer sábado de cada mes.

Feira dos Passarinhos (pájaros). Passeio das Fontaínhas. Domingos por la mañana.

Feira da Vandoma. Famoso mercadillo de libros, ropa y otros objetos de segunda mano. Se realiza los sábados por la mañana cerca del Estádio do Dragão, en el Avenida 25 de Abril.

Feira de productos biológicos. Un estupendo lugar para adquirir lo mejor de la agricultura de la zona. Los sábados por la mañana en el **Núcleo Rural do Parque da Cidade.**

Mercadinho dos Clérigos. Rua Cândido dos Reis. El segundo y el último sábado de cada mes.

Feria de Numismática, Filatelia y Coleccionismo. Praça de D. João I. Todos los domingos de 8 h a 13 h.

Feira da Pastelaria. Feria de comida, ropa, calzado y otros objetos muy frecuentada por los locales. Todos los domingos de 8 h a 12.30 h.

La preciosa decoración del interior del Palacio de la Bolsa.

de la Asociación Comercial de Oporto y en él se celebran actos públicos y reuniones privadas.

Si el **Pátio das Naçôes,** cubierto mediante una estructura metálica con vidrieras y pavimentado con motivos de inspiración grecoromana, así como otras salas que albergan obras de Soares dos Reis, Teixeira Lopes o António Carneiro, resultan atractivos, el colmo del delirio llega con el **Salón Árabe.** Obra de Gustavo Gonçalves de Sousa, fue inaugurado en 1880. En este espacio se ha recibido a los principales estadistas que han visitado la ciudad; por su lujo y esplendor ejerce un profundo poder de fascinación que lo ha convertido en el lugar más visitado del edificio.

En la parte alta de la plaza aparece el **Mercado Ferreira Borges** (actualmente el **Hard Club**), una obra que debe mucho a las audacias técnicas permitidas por el empleo de las columnas y vigas de hierro colado. Fue levantado por la Compañía Aliança en 1888, en la misma estela cultural que los dos puentes de hierro de la ciudad.

La plazuela se cierra con la también barroca **Igreja de Sâo Joâo Novo** (1689), que fue de agustinos calzados o *gracianos.* Su fachada, del siglo XVIII, ni de lejos se puede comparar a la disfrutada por sus parientes sin zapatos o *grilos.*

En la trasera del mercado arranca la elegante y señorial **Rua das Flores,** repleta de casonas forradas de azulejos y provistas de bal-

Rua das Flores

conadas. Entre ellas tiene acomodo la **Igreja da Misericórdia** *(visita, de 10 h a 18.30),* uno de los pocos templos renacentistas de la ciudad. Concluido en 1587, no escaparía a los retoques de Nasoni, que le lavó la cara con una efectista fachada rococó.

Junto a la anterior, la **Santa Casa da Misericórdia** alberga un **museo** *(visita, todos los días, de 10 h a 18.30 h en verano y hasta las 17.30 h en invierno; para visitas guiadas la institución recomienda reservar en www.mmipo.pt)* en el que, entre otros, se expone la tabla flamenca *Fons Vitae,* realizada hacia 1520, y en la que Manuel I, el rey venturoso, es representado con su mujer y una prole de ocho hijos, todos de rodillas ante el Crucificado.

Atribuida a Van der Weyden, a Hans Holbein el Viejo y a Van Orley, también podría haber sido obra de algún maestro luso. En su interior se puede visitar igualmente la denominada **Galeria dos Benfeitores,** que recoge un amplio conjunto de piezas de todo tipo donadas a esta institución de beneficencia.

A poniente de esta zona histórica de la ciudad se halla el antiguo arenal de **Miragaia,** sobre el que el ingeniero francés Jean Colson proyectó en 1859 una plataforma sobre estacas para albergar la

Alfândega Nova, que en la actualidad funciona como centro de congresos y alberga diversas exposiciones temporales *(www.ccalfandegaporto.com)*. Sus tres pabellones, comunicados entre sí, ocupan una superficie de 36.800 m². La severa fachada pétrea da paso a un interior funcional que aúna técnicas y materiales tradicionales con las innovaciones que permitían el hierro y el ladrillo.

En tan frío marco, reflejo de un burgo austero y laborioso, se ha instalado el **Museo de los Transportes y Comunicaciones** *(de martes a viernes, de 10 h a 13 h y de 14 h a 18 h; fines de semana y festivos, de 15 h a 19 h; www. amtc.pt)*, que muestra una exposición sobre la historia del mundo del automóvil y una exposición interactiva sobre las distintas formas de comunicación del hombre, que van desde la expresión corporal hasta Internet, pasando por medios de comunicación clásicos.

Los aires marineros de otro siglo tienen continuidad en los soportales de Miragaia, barrio presidido por la **Igreja de São Pedro** *(visita, de martes a sábado de 15.30 h a 19 h; domingos de 10 h a 11.30 h)*, una de las más antiguas, reformada a principios del siglo XVIII.

Estatua de Pedro IV, en la Praça da Liberdade.

🛍 Compras

Artesanía y decoración

Artesanía variada de calidad en el **Eifeito Luso** (Largo dos Lóios, 36); cerámica, manufacturas y trajes típicos en **Artesanato dos Clérigos** (Assunção, 33-34); cerámica de autor en **Zinda Atelier** (Rua da Ferreira Borges, 63).

Para santos, velas decoradas y demás *paramentos* religiosos está la **Casa do Coração de Jesus** (Mouzinho da Silveira, 302).

Cerámica a precios razonables se puede comprar en el **Depósito da Marinha Grande** (Bonjardim, 133), si bien la mejor porcelana de Portugal, apreciada en todo el mundo, junto con el cristal de la mejor calidad, se encuentra en la tienda de la **Fábrica de Vista Alegre de Ilhavo** (Rua das Carmelitas, 40). Tapetes, mantelerías y retales de lino en el **Armazém dos Linhos** (Passos Manuel, 17), un lugar con dilatada experiencia comercial. Para conocer los trajes regionales nada mejor que acercarse a **Príncipe** (Clérigos, 45-47).

Por último los amantes de los azulejos tienen su tienda en **Gazete Azulejos** (Rua Duque de Palmela, 230).

Gastronómicas

Para comenzar tenemos el animado y céntrico **Mercado do Bolhão,** abierto de lunes a viernes, de 8 h a 20 h (los sábados hasta las 18 h). Los restaurantes que hay en su interior cierran más tarde, a medianoche. Tras unos años en obras, este mercado ha reabierto con todo su esplendor y es uno de los mejores lugares para descubrir la esencia de Oporto.

Un poco de todo en ultramarinos tan surtidos como **Casa Chinesa** (Sá da Bandeira, 343),

con productos orientales y naturistas; **Mercearia das Flores** Rua das Flores, 110), con productos regionales y ecológicos; o **A Pérola do Bolhão** (Formosa, 279), un colmado de lo más selecto con una preciosa fachada de estilo *art nouveau,* fundada en 1917 como tienda de porcelanas y con un mosaico de azulejos añadido posteriormente con motivos que hacen referencia a la ruta de las especies. Sin embargo, por su solera de caverna semirruinosa, se lleva la palma **Casa Oriental** (Cam-

po Mártires da Pátria, 110-111), que pasa por tener el mejor surtido de *bacalhau* y vinos de Oporto. Si está lleno se puede ir a la vecina Casa Portuguesa do Pastel de Bacalhau, una coqueta tienda con degustación de deliciosos pasteles rellenos de queso. Quesos *da Serra da Estrela* y el resto del país se encuentran en **Queijaria Amaral** (Sto. Ildefonso, 190), fundada en 1920. **Casa Lourenço** (Bonjardim, 417) vende quesos y chacinas.

Garrafeiras (Vinotecas)

Los amantes del vino deben visitar **Casa Januário** (Bonjardim, 352), que ofrece un buen surtido de vinos de la región y nacionales, además de productos gastronómicos de altísima calidad. **Garrafeira Clériporto** (Assunção, 38) y **Garrafeira do Infante** (Rua do Infante D. Henrique, 83) le siguen. El **Garrafeira Soares** (Rua de São João, 70) también presenta una buena selección de vinos y organiza catas.
La **Garrafeira A Flor de São Tomé** (Rua Antero de Quental, 534), presume de muchos años de experiencia. Por Foz de Douro, en Rua Passeio Alegre, 924, encontramos la **Garrafeira**

Augusto. En la zona de la Ribeira las tiendas están orientadas al turismo, con precios más altos que en el resto de la ciudad, pero merece ser visitada la **Azeitonera da Ribeira** (Cais da Ribeira, 36). Sin duda, la más completa es la **Garrafeira do Carmo** (Rua do Carmo, 17-18), con merecida fama.

Joyas y plata

La calle tradicional de Oporto de los orfebres y joyeros es la Rua das Flores. En el nº 117 destaca la de **Neves & Filha;** en la comercial Rua Santa Catarina también se pueden encontrar diferentes posibilidades. En la zona de Boavista está **Rosior** (Rua José Gomes Ferreira, 274) y **David Rosas** (Av. de Boavista, 1471).

Merece la pena solo por contemplar el escaparate modernista acercarse a **Machado Joalheiro.**

Calles y Centros Comerciales

Las boutiques, tiendas de moda, complementos y regalos se concentran en las ruas peatonales del centro: Santa Catarina y aledaños y Cedofeita. Otra cita atractiva para los consumistas portuenses es la de los centros comerciales. El más distinguido es **Via Catarina** (Santa Cata-

es sin duda de los mayores. Inaugurado en 1998, cuenta con un interesante silo cultural.

En Vila Nova de Gaia, cabe destacar sobre todo el **Arrábida Shopping,** que resulta muy atractivo, ya que cuenta con varias salas de cine. Frente a él, haciéndole la competencia está **Gaia Shopping,** que completa el panorama de los grandes centros comerciales.

Libros

La **livraria Lello & Irmão** (Carmelitas, 144) está considerada una de las librerías más bellas del mundo. Además de una institución cultural de primer orden, constituye un museo por su fachada, estanterías y escaleras neogóticas (1881). Para evitar aglomeraciones, empezaron a cobrar entrada, pero su valor es canjeable en libros.

La **livraria Bertrand** cuenta con numerosas sucursales en varios centros comerciales.

En la Rua das Flores se hallan varios alfarrabistas (librerías de viejo), como la **Chaminé da Mota.** Otras librerías que merecen una visita son la **Flâneur,** la **Poetria** y la **Académica.**

rina, 312-350), con cuatro plantas modernas tras una antigua fachada respetada; en la superior, repleta de bares y restaurantes, fueron reproducidas las casas de A Ribeira.

En el centro también se puede encontrar la **Península Boutique Center** y el **Shopping Cidade do Porto,** ambos situados en la Rua Bom Sucesso (en los números 159 y 61 respectivamente).

Antes de salir de Oporto, en el Estadio do Dragão, nos encontramos uno de los locales más recientes, **Alameda Shop & Spot** (Rua dos Campeões, 28).

Si lo que deseamos son grandes dimensiones, **Norte Shopping**

El ensanche burgués

El Oporto moderno se desarrolló a partir de la **Praça da Liberdade,** considerada por muchos el corazón de la ciudad y presidida por la **estatua** ecuestre **de Pedro IV** (1866) portando en la mano derecha la Constitución. Una vez conocidos los vitrales *art déco* del viejo **Café Imperial,** presa de una multinacional de comida rápida, seguimos en dirección norte por la **Avenida dos Aliados,** proyecto del británico Barry Parker (1915) oportunamente modificado por Marques da Silva para conferirle una atmósfera de bulevar parisino que conforma un conjunto urbano con la anterior plaza. En los laterales abundan los grandes edificios con fachadas pétreas que albergan oficinas y hoteles. Como telón de fondo se levanta el edificio de **Paços do Concelho,** que alberga la **Câmara Municipal** o **Ayuntamiento,** obra del arquitecto Correia da Silva (1920). Su esbelta torre, en el punto de fuga de las perspectivas, compite en prestancia con la Torre dos Clérigos. El Salón Noble, que suele acoger las ceremonias oficiales de recepción u homenaje así como las salas de Sesiones culminan la grandiosidad de este monumento.

Detrás del edificio de la Câmara Municipal se alza de forma más modesta, la **Igreja da Trindade** *(visita, de lunes a viernes de 8 h a 21 h),* construida el año 1803, es obra del gran arquitecto bracarense Carlos Cruz Amarante. Al es-

Ayuntamiento

te de dicho bulevar, constituyendo un respiro en un sector dominado por la angostura y la pendiente de las calles, se extiende el ensanche de principios del siglo xx. Este área comercial tiene por eje rector la peatonal **Rua de Santa Catarina,** con edificios modernistas, eclécticos y racionalistas. En su intersección con la Rua Fernandes Tomás está la **Capela das Almas,** cubierto de azulejos que imitan los barrocos a pesar de haber sido colocados en 1929.

Para continuar una ruta del azulejo es preciso seguir hasta la **Estação de São Bento,** inaugurada en 1915 y construida según la idea de Marques da Silva, que levantó una gran fachada en piedra con torres similares a las del Louvre y dejó libre el amplio recibidor para que Jorge Colaço, dos décadas después, lo decorase con riquísimos azulejos que plasman episodios históricos, costumbristas y sobre transportes. La producción de este pintor puede ser rastreada en la cercana **Igreja de Santo Ildefonso** *(visita: lunes de 15 h a 18 h; de martes a viernes de 9 h a 12 h y de 15 h a 18.30 h; sábados de 9 h a 12 h y de 15 h a 20 h; domingos de 9 h a 12.45 h y de 18 h a 19.45 h),* precedida de un atrio desde el que se divisa, al fondo de la calle, la **Torre dos Clérigos.** En este templo

fue bautizado con el nombre de Almeida Garrett, un activo militante de la causa liberal que, después de participar en el desembarco de 1832, se convirtió en la máxima figura del romanticismo portuense. Junto a la **Praça da Batalha,** con sus hoteles y cafés, se alza la **Igreja da Ordem do Terço,** cuya construcción se inició en 1759, adornando su fachada con elementos rococó.

Clérigos, Cedofeita y el norte

La **Igreja** y **Torre dos Clérigos** [pág. 20, ver Imprescindibles] es un faro que atrae muchas miradas, constituyendo uno de los emblemas más firmes de la ciudad.

Obra maestra de Nicolau Nasoni, enterrado aquí en compañía del mártir Santo Inocencio, y que acoge un altar mayor en mármol de estilo Luis XV. Sin embargo, los turistas suelen acceder directamente a la torre, apurando los 225 escalones que se acercan a los 75,6 m del remate. Todo para divisar y fotografiar las mejores panorámicas del centro urbano.

A unos pasos encontramos la **Praça de Lisboa,** con un pequeño centro comercial, la **librería Lello,** el agradable **Jardim da Cordoaria** y el moderno **Centro Português de Fotografia.**

Sobre la bella "Livraria Lello e Irmão" cabe aclarar que, en los últimos años, ha adquirido tanta notoriedad que se cobra entrada y las colas son infinitas. Se ha afirmado que la escritora J. K. Rowling –que vivió un tiempo en Oporto– se inspiró en este impresionante escenario para sus libros de Harry Potter, pero en realidad aquí no se ha rodado ninguna película. Lo que sí es cierto es que es uno de los edificios más emblemáticos del neogótico portuense y sus escaleras y estanterías, una maravilla tallada en madera.

En la cara sur se alza la antigua **Cadeia da Relação** (prisión), construida por Eugénio dos Santos en 1756 que, desde 2007, alberga el **Centro Português de Fotografia,** y que cuenta con diversos servicios (catalogación, biblioteca, reproducción de láminas, etc.) y un **centro de exposiciones** *(visita, de martes a viernes de 10 h a 18 h; sábados, domingos y festivos de 15 h a 19 h),* en el que se organizan exposiciones y diferentes actividades relacionadas con el mundo de la fotografía.

Próximo a este edificio, en la Rua de São Bento está la **Igreja de Nossa Senhora da Vitória** *(visita, de martes a viernes de 9 h a 12 h y de 16 h a 19.30 h; sábados de 9 h a 12 h y de 14.30 h a 17 h; domingos de 9 h a 11.30 h),* con

Librería Lello, una obra de arte que ha adquirido inusitada fama.

una bella imagen de la virgen titular de mano de Soares dos Reis, y el barroco **Mosteiro de São Bento da Vitória.**

Al norte completan el repertorio el enorme **Hospital de Santo António,** erigido según los planos enviados desde Inglaterra por John Carr (1769), y la **Antiga Académia Politécnica** (1807), hoy Facultad de Ciencias con su **Museo de Historia Natural,** que cuenta con salas dedicadas a la mineralogía y la zoología *(visita, de martes a domingo, de 10 h a 13 h y de 14 h a 18 h)* y una sala de exposiciones.

La fachada principal de este edificio se abre a la **Praça Gomes Teixeira,** en la que fue colocado el **Chafariz dos Leões,** encargada por la Companhia das Águas do Porto en 1882, que los muestra alados. Saliendo de esta plaza en dirección a la Rua do Carmo admiramos el conjunto barroco formado por las siamesas **Igreja dos Carmelitas** e **Igreja da Ordem Terceira do Carmo.** La primera fue construida a comienzos del siglo XVII pero su fachada se reformó en la centuria siguiente en un lenguaje barroco bastante simplificado; la del Carmo *(visita, de lunes a viernes, de 11 h a 18 h; fines de semana, hasta las 15 h),* construida a mediados del XVIII según proyecto de José Figueiredo

Torre dos Clérigos.

Seixas, es uno de los ejemplos más representativos del rococó de Oporto aunque su fachada lateral fue ornada con azulejos a principio del siglo XX.

Tras el Hospital de Santo António, en la Rua de Dom Manuel II se alza el **Museu Nacional de Soares dos Reis** *(visita, de martes a domingo de 10 h a 18 h, última admisión, media hora antes del cierre. 8 €. www.museusoaresdosreis.gov.pt).* Instalado en el palacio neoclásico propiedad de la familia judía de orfebres llamados *Os Carranças* y, más tarde, de la familia real, tiene la honra de ser el primer museo creado en el país (1833). Casi cien años después, como homenaje al mejor escultor portugués del siglo XIX, le fue puesto el actual nombre. Sus fondos proceden de conventos desamortizados, colecciones de la nobleza miguelista huida y depósitos municipales y de la Académia Real de Marinha e Comércio. Rico en pintura y escultura de los siglos XVI al XX, posee obras de Clouet, Teniers, Jordaens, Brouwers, la Escuela de Oporto (Marques de Oliveira, Silva Porto, Artur Loureiro y Henrique Pousão),

Diversión para los más pequeños

Teatro de Marionetas (Rua do Belomonte, telf. 222 108 224, www.marionetasdoporto.pt).

Zoo Santo Inácio (Rua 5 de Outubro, Avintes en Vila Nova de Gaia, www.zoosantoinacio.com).

Sealife (1ª Rua Particular do Castelo do Queijo, www.visitsealife.com/porto) es el gran acuario de la ciudad.

Parque Biológico de Gaia (Rua Cunha, Avintes, telf. 227 878 120, www.parquebiologico.pt).

Zoo da Maia (Rua da Estação, Maia, www.zoodamaia.pt). Zoo con muchos animales exóticos y un acuario.

World of Discoveries (Rua de Miragaia, 106, telf. 220 439 770, www.worldofdiscoveries.com).

Museu dos Transportes e Comunicações (Rua Nova Alfândega, telf. 223 430 000; www.amtc.pt).

Museu o Futebol Clube do Porto (Estádio do Dragão, telf. 225 570 418, www.fcporto.pt/pt/museu).

Rabelos (www.douro.com). Cruzar el río en este barco tradicional hará las maravillas de los más pequeños.

Teleférico de Gaia (www.gaiacablecar.com).

Parque da Cidade (Estrada Interior da Circumvalação, 15443). El parque urbano más grande del país, ideal para hacer pícnics.

Museu do Carro Eléctrico (Alameda de Basílio Teles, 51, telf. 226 158 185, www.museudocarroelectrico.pt).

Columbano, António Ramalho, Sousa Pinto, Abel Salazar, Júlio Resende, entre otros. Dentro de la escultura destacan salas dedicadas a Soares dos Reis, Teixeira Lopes y António de Azevedo.

Otras secciones incorporan piezas de arte sacro, cerámica, vidrios, piezas orientales, etc.

ral de 2001 se inauguró la **Biblioteca Almeida Garrett,** cuyo diseño no desmerece al anterior.

A unos pasos están los jardines con vistas de la Quinta da Macieirinha. En esta mansión abre sus puertas el **Museo Romántico** (*www.museudoporto.pt*), que recrea el ambiente de las casas no-

Jardins do Palácio de Cristal.

Al final de la Rua de D. Manuel II es posible seguir con la visita en los **Jardins do Palácio de Cristal,** con agradables jardines de finales del siglo XIX en los que se posó un "platillo volante".

Hablamos del singular **pabellón multiusos Rosa Mota** construido en los años 50, una estructura circular de hormigón, cobre y cristal. Con motivo de la Capitalidad Cultu-

bles del segundo tercio del siglo XIX, al tiempo que evoca la figura de Carlos Alberto de Saboya, rey de Piamonte y Cerdeña que, tras abdicar, pasó aquí sus últimos días, muriendo en 1849. Desde sus ventanas se admira un inigualable atardecer en la **Foz do Douro**. Al otro lado de la Rua Entre Quintas se accede al cuidado jardín escalonado de la **Casa Tait,** antigua propiedad de un comerciante inglés. La vivienda atesora un gabinete de numismática. Y ya que hablamos del rey Carlos Alberto, desde su plaza, situada al norte de la Igreja do Carmo, se prolonga la comercial **Rua de Cedofeita** hasta la iglesia que da nombre al barrio, la **Igreja de São Martinho de Cedofeita.**

Este templo románico construido en la primera mitad del siglo XIII ocupa el lugar de otro templo anterior cuya construcción se ha vinculado al legendario milagro de San Martin de Tours que propició la conversión al catolicismo del pueblo suevo.

Igualmente al norte, presidiendo la Praça da República, destaca la **Igreja da Lapa**, iniciada en 1759 por José Figueiredo Seixas. Entre los portuenses goza de un alto valor sentimental por guardar el corazón del rey Pedro IV. En el cementerio anexo descansa aquel hombre de carácter que fue Camilo Castelo Branco.

Desde aquí podemos encaminar nuestros pasos hacia el noreste hasta llegar a la **Igreja da Senhora da Conceição**, situada en la Praça Marquês de Pombal, con sus exóticas torres que parecen minaretes y un luminoso interior.

Muy próximo al Estadio do Dragão queda la **Casa-Museu Fernando de Castro** (*Rua Costa Cabral, 716. Visita, solo mediante reserva en www.museusoaresdosreis.gov.pt*), situada en la Rua Costa Cabral, con su colección de arte bien nutrida de pintura y escultura portuguesa.

Por Bonfim y Campanhã

Al este del centro histórico, estos dos barrios se sitúan, respectivamente, sobre los puentes de Dona Maria y São João, y el puente do Freixo. Bonfim comienza en el *terreiro* de São Lázaro, animado el Domingo de Pascua con una gran feria. El **Jardim de São Lázaro** fue el primer parque público de Oporto. La cercana **Igreja de Nossa Senhora da Esperança** merece una visita por ser obra ejecutada por António Pereira con planos de Nasoni. Preside el barrio la **Igreja de Nosso Senhor de Bonfim** (1894), desde cuyo atrio se tiene una buena vista. Muy apropiadamente, en la Rua do Heroísmo está el **Museu Militar** (*www.exercito.pt*); que cuenta con una buena colección de miniaturas de soldaditos de plomo. Cierra la oferta museística del barrio la **Casa-Oficina António Carneiro** (*www.museudoporto.pt*), con el taller y las obras de este pintor portuense (1872-1930).

En Campanhã, frente al moderno puente que lleva su nombre, el

Palacio do Freixo, convertido en *pousada,* constituye la obra magna de la arquitectura civil barroca y ha sido reconvertido en Pousada. Jerónimo de Távora e Noronha, deán de la catedral, se la encargó a Nasoni, que además de arquitecto era un escenógrafo siempre presto a ensamblar sus edificios en la singular geografía portuense.

A orillas del Duero, justo donde recibe las aguas del Torto, el palacio es una tarjeta de visita de la ciudad para quien navega río abajo. El genio creador, liberado del corsé urbano, vuela aquí hacia soluciones atrevidas en las que no faltan licencias y caprichos, ejemplificados en la variada traza de sus tres fachadas o por los adornos rococó en torres, escaleras y balconadas, sin olvidar los azulejos. El jardín italiano, con su *belvedere,* esculturas y fuentes, también son obra suya.

Por último, cerca del palacio se puede visitar el **Museu Nacional da Imprensa** *(Estrada Nacional 108, 206; www.museudaimprensa.pt; cerrado temporalmente),* que fue inaugurado en 1997 y que está dedicado a las artes gráficas. De carácter interactivo, nos permite conocer el funcionamiento de las máquinas y todo el proceso de la impresión. Consta de salas dedicadas a Rodrigo Álvares –primer portugués en seguir los pasos de

Palacio de Freixo.

Gutenberg–, a la caricatura y a la informática. Este museo acoge la celebración anual del *Porto Cartoon World Festival*, donde se congregan algunos de los mejores caricaturistas del mundo.

De Boavista a la Foz do Douro

Este paseo puede iniciarse en la gran Rotunda de Mouzinho de Albuquerque, con su gran **Monumento a los Héroes de la Guerra Peninsular,** que incluye escenas como el trágico suceso del Ponte das Barcas y que está rematado por la representación escultórica de un león, el ejército portugués, venciendo al águila de las tropas napoleónicas, alcanzando así la independencia.

En esta misma plaza y en el espacio que antiguamente era ocupado por una cochera de los tranvías de Oporto, se alza la **Casa da Música** *(visitas guiadas todos los días con reserva previa; www.casadamusica.com),* impresionante proyecto del holandés Rem Koolhas, inaugurado en 2001. Este edificio pretende ser un revulsivo cultural (en su faceta musical) del nuevo Oporto y merece la pena ser visitado por dentro.

Desde esta gran rotonda comienza la interminable **Avenida de Boavista,** de unos 6 km de longitud, que lleva hasta la misma orilla del océano Atlántico. En su recorrido se puede ver una sucesión alternada de torres de oficinas, hoteles y chalés de prin-

Palacio de la Música

Pérgola da Foz.

cipios del siglo XX, entre los que destaca la **Casa da Viscondessa de Lobão,** con su espléndido jardín de especies raras. Al norte de esta avenida, en la Rua Tenente Valadim resulta muy atractiva la **Fundação En-genheiro António de Almeida** *(visita, con reserva previa; www.feaa.pt),* esta vivienda de 1935 alberga una fundación que promueve la enseñanza y divulgación del conocimiento y un museo entretenido, con una muestra de muebles, joyas, pintura, relojes, lámparas y porcelanas.

Una vez visitado este museo y conocido el segundo estadio de fútbol más importante de la ciudad, el **Estádio do Bessa,** del Boavista Futebol Clube, camino prosigue hasta la **Fundação Serralves** [pág. 22, ver Imprescindibles].

Volviendo a la Avenida de Boavista 4245, se puede visitar el **Museu do Papel Moeda** *(www.facm. pt),* gestionado por la Fundação Dr. António Cupertino de Miranda, narra la historia del papel moneda en Portugal. En la otra acera de la avenida y para quien guste de los parques, aquí se encuentra el mayor parque de Oporto y de todo el país. Con sus 80 ha y más de 8 km de caminos, el **Parque da Cidade,** limítrofe con Matosinhos, acoge un sinfín de espacios abiertos. Aquí se halla el **Pavilhão da Água,** uno de los edificios construidos para la *Expo 98* de Lisboa, posteriormente trasladado a este lugar.

Una vez recorrida la Avenida de Boavista hasta su extremo más occidental, nos hallaremos frente al **Forte de São Francisco Xavier,** más conocido como **Castelo do Queijo** debido a la forma de queso de la roca sobre la que se asienta *(Praça Gonçalves Zarco. Visita, de martes a domingos de 10.30 h a 17 h),* mandado erigir por João IV (1643). Sin lugar a dudas se trata de uno de los mejores puntos de la ciudad para maravillarse con la puesta de sol. Desde aquí y hasta la Foz en la que desemboca el río, se encuentran las únicas playas de la ciudad, más apropiadas para baños de sol que de agua, por el oleaje y las rocas.

Este paseo concluye en la **Foz do Douro,** lugar donde desemboca el Duero, y en el que se sitúa el **Forte de São João,** construido en tiempos de Felipe II para defender la costa y la entrada al río. Para los más atrevidos y sin olvidar lo traicionero del mar, podemos darnos un baño en alguna de las playas que se encuentran en el municipio. De norte a sur se sitúan la Praia do Castelo do Queijo, do Homem do Leme, do Molhe, de Gondarém, Praia da Luz y la Praia dos Ingleses, la más famosa junto a la del Castelo.

Desandando el cauce del río

Desde la desembocadura del Duero, y en pleno barrio de Foz do Douro, podemos volver a encaminarnos hacia el interior mediante un paseo ribereño, que comience en la Rua do Passeio Alegre, una zona convertida en punto habitual de encuentro de la "buena sociedad". La primera parte de esta calle bordea los **Jardins do Passeio Alegre,** justo enfrente del Castillo de São João Baptista, en los que se aprovecha tanto para jugar al minigolf como para tomar un café en el típico **Chalet Suíço** y ver los primeros árboles plantados en 1870.

En el extremo este del jardín se encuentra el **Farol-Capela de São Miguel-o-Anjo** (1527), el faro más antiguo de Portugal en uso. En este punto podremos subir al *eléctrico* 1E, viejo tranvía que nos llevará hasta el pie de la **Igreja de São Francisco.**

Siguiendo por este camino llegaremos hasta el **Ponte da Arrábida.**

En los alrededores de esta zona se localiza la **Facultad de Arquitectura,** obra de Álvaro Siza Vieira, y desde la que un corto paseo nos llevará hasta el **Planetário** *(para saber más sobre las sesiones conviene consultar la web planetario.up.pt)* donde se organizan numerosas actividades relacionadas con el fantástico mundo de la astronomía y la astrofísica. Un viaje de 45 minutos para descubrir los secretos del universo.

Por último, y antes de continuar con nuestro paseo a lo largo del río, conviene saber que estamos muy cerca del **Jardim Botânico,** sito en la Rua do Campo Alegre, 1191 *(mhmc.up.pt/jardim-botani-co-do-porto),* una quinta de 6 ha engullida por la Vía de Cintura Interna pero que mantiene parte de los jardines románticos. Son originales de la familia Andresen, sus propietarios –ligados al comercio del vino de Oporto– desde mediados del siglo XIX, antes de ser adquirido por el Estado en 1949

y convertida en 1951 en el actual Jardim Botânico de la Universidad. Destacan el parterre de dalias, la rosaleda, los rododendros, las camelias traídas de Japón y los tilos centenarios, entre otras muchas maravillas florales. El majestuoso palacete ha sido utilizado por la Facultad de Ciencias como laboratorio y en 2017 se inauguró la **Galeria da Biodiversidade** *(mhnc. up.pt/galeria-da-biodiversidade),* muy recomendable.

Volviendo al río, concretamente a la Alameda Basílio Teles, en la esquina con la Rua de Dom Pedro V, en pleno barrio de **Massarelos** se ubica un interesante museo, el

Primavera Sound

Este festival de música, celebrado en junio, es el homólogo portugués del realizado en Barcelona. Desde 2012 hasta ahora, se ha ido consolidando en el panorama musical europeo como una de las visitas obligatorias para los amantes de la buena música. Además de disponer de artistas internacionales de primer nivel, algunos de sus mejores alicientes son el hecho de ser una plataforma para nuevas bandas con ganas de darlo todo y la gran calidad de grupos portugueses poco conocidos fuera de sus fronteras pero con grandes ejércitos de fans en su país (www.primaverasound.com).

Si a ello le sumamos que se celebra en el Parque da Cidade, uno de los mayores espacios verdes de la ciudad, y que a unos pasos encontramos la playa de Matosinhos y varios restaurantes de pescado fresco, la diversión está asegurada.

Museu do Carro Eléctrico (*www. museudocarroelectrico.pt*).

Por último, resulta recomendable la visita al **Museu do Vinho do Porto.** *(Rua da Reboleira, 33-37; www.museudoporto.pt)*. El vino de Oporto es uno de los mayores reclamos turísticos de todo Portugal, aunque las caves o bodegas se encuentran al otro lado del río, en Vila Nova de Gaia. Este museo tiene como objetivo dar a conocer la historia y la importancia del comercio del vino de Oporto en el desarrollo histórico de la ciudad a través de paneles y dispositivos multimedia.

Vila Nova de Gaia

Es un municipio de 300.000 habitantes que se extiende a la otra orilla del Duero, y el verdadero emporio del vino de Oporto. Tan cerca de la ciudad de Oporto, prácticamente están fundidos.

Aquí tuvo asiento en el pasado romano *Cale,* que dejó paso a *Gaia*, en la parte alta y Vila Nova de el-Rei, fundada por Dom Dinis en la ribera, que finalmente fueron unidas administrativamente en un único término al nacer el estado liberal. Su principal atractivo son las *caves do vinho do Porto* [pág. 17, ver Imprescindibles], las bodegas históricas que se encuentran situadas a lo largo del paseo fluvial, ya casi marítimo, la *ribeirinha.* La visita no suele ser muy cara y al final se suele ofrecer una degustación de más de un vino de Oporto.

La *ribeirinha,* donde se han abierto multitud de terrazas y restaurantes, se desliza permitiendo una de las más clásicas vistas de Oporto con sus barcos *rabelos* en primer plano y varios de los muelles donde atracan los barcos que recorren el Duero hasta la frontera española.

El principal monumento de Gaia es el **monasterio da Serra do Pilar,** declarado junto con el Ponte Luís I Patrimonio de la Humanidad por la Unesco. De estilo renacentista, es de planta circular y está cubierta por una gran cúpula con linterna y baranda. El conjunto del monasterio se cierra con el claustro, también circular, de 36 columnas jónicas. En estos momentos solo se puede visitar su **iglesia,** dentro del horario de culto, y el **claustro,** solo con motivo de alguna exposición temporal. Del otro lado de la línea del tranvía, está el **jardim do Morro,** desde donde las vistas son también muy completas.

En el casco antiguo de Gaia también merece ser visitada la **igleja de Santa Marinha,** originaria del siglo xiv, aunque fue reconstruida en 1745, en estilo barroco por Nicolau Nasoni. En la fachada lateral encontramos un bonito panel de azulejos. La **Casa-Museu Teixeira Lopes,** residencia y taller de trabajo del artista, a su vez diseñada por su hermano arquitecto, empezó a construirse a finales del siglo XIX, y fue acertadamente musealizada por voluntad del propio Teixeira Lopes. El edificio anexo, de construcción moderna, la **Galeria Diogo de Macedo,** completa una muy interesante colección permanente y exposiciones temporales.

El **Convento do Corpus Christi** *(visita: de martes a domingo de 10 h a 18 h),* fundado en 1345 sufrió profundas alteraciones a lo largo de los siglos XVII y XVIII, hasta

Las históricas bodegas de Vila Nova de Gaia atraen a muchos visitantes.

Monasterio da Serra do Pilar, en Vila Nova de Gaia.

quedar prácticamente tal y como lo conocemos hoy en día. De la riqueza y valor artístico del conjunto destaca su capilla octogonal rematada con una cúpula. También los cuatro altares laterales tienen tallas de madera de gran belleza y expresividad. Se puede acceder al coro alto, espacio barroco con celosías que permitía a las monjas asistir invisibles a la santa misa.

Andando por la *ribeirinha,* camino de la desembocadura, nos encontramos con el **barrio de Afurada,** ligado tradicionalmente a la pesca, y que mantiene en sus calles y casas un ambiente popular. La ropa tendida, las labores comunitarias que se realizan en la calle, incluidas las *caldeiradas* y parrilladas de pescado, rezuman sabor a mar. Se puede llegar en *ferry*

desde cerca del Ponte da Arrábida. El paseo desde el Ponte Luís I hasta Afurada lleva unos 50 minutos a pie.

En las afueras, en la freguesia de Avintes, a 4 km hacia el sureste, se localiza el **Parque Biológico de Gaia-Centro de Educación Ambiental** *(www.parquebiologico. pt).* Un enorme parque de 35 ha con actividades para todas las edades y donde viven en estado salvaje centenares de especies animales y vegetales, entre ellas cuarenta especies de aves que nidifican y crían todo el año. Entre las actividades se puede visitar un pequeño pueblo de construcción típicamente rural de la zona, y aprender los milenarios usos hidrológicos, el vivero que sirve de "guardería" de las plantas que repoblan el parque (más de 300 especies), un centro de exposiciones, museo rural y por supuesto dar un magnífico paseo guiado de 3,5 km.

Dentro de Vila Nova de Gaia, lo cierto es que las posibilidades de contacto con la naturaleza son de lo más gratificante. En **Arcozelo,** la **Estación Litoral da Aguda,** pegada al Atlántico, existe una pequeña reserva natural para la protección de las dunas, su fauna y su flora *(se llega por la A29 en dirección a Espinho, y está abierto todos los días de 10 h a 19 h).* Hay una reserva natural para la protección de aves en el estuario del Duero **(Refugio Ornitológico del Estuario del Douro),** inaugurado con fines conservacionistas que abre a diario.

Principales bodegas en Gaia

Los horarios de las bodegas son muy variables dependiendo de la época del año y la afluencia de visitantes. Conviene llamar antes o visitar las páginas web.

Ramos Pinto. Avenida Ramos Pinto, 400, telf. 936 809 283, www.ramospinto.pt.

Cálem. Avd. Diogo Leite, 344. Telf. 916 113 451; tourcalem.pt.

Croft. Degustación de quesos y chocolate, además del vino. Rua Barão de Forrester, 412. Telf. 220 109 825; www.croftport.com.

Caves de Vinho do Porto Ferreira. Avda Ramos Pinto, 70. Telf. 223 746 107; www.sograpevinhos.eu.

Real Companhia Velha. Rua Azevedo Magalhães, 314. Telf. 223 775 194; www.realcompanhiavelha.pt.

Quinta do Noval. Av. Diogo Leite, 256. Telf. 223 770 282; www.quintadonoval.com.

Rozès. Rua Cândido dos Reis, 526-532. Telf. 223 771 680; rwww.rozes.pt.

Sandeman. Largo Miguel Bombarda, 3. Telf. 223 740 534. www.sandeman.com. Fundada en 1790.

Taylor's. Rua do Choupelo, 250. Telf. 223 742 400; www.taylor.pt.

Graham's. Rua do Agro, 191. Telf. 223 776 490; grahams-port.com.

Cockburn's. Rua Serpa Pinto, 346. Telf. 223 776 300; pt.cockburns.com.

Igreja do Bom Jesus de Matosinhos.

Un poco más al sur, desde el **monte da Senhora da Saúde** en Pedroso, también conocido por **Monte Murado,** con capilla y romería cada 15 de agosto, se divisa una bella panorámica.

Unos 14 km al sur destaca el **monasterio de Grijó,** gran edificio del renacimiento que destaca por su claustro, provisto de elegante chafariz, y por custodiar en su iglesia la tumba del infante Rodrigo Sanches, hijo natural de Sancho.

Matosinhos

Es el segundo gran municipio del contorno de Oporto (supera los 172.557 habitantes, *www.cm-matosinhos.pt*), aunque parece integrado en ella. La comercial Rua de Brito Capelo es el centro neurálgico de la población, que atrae a numerosos devotos por su hermosa **Igreja do Bom Jesus de Matosinhos,** remodelada en el siglo XVII por Nicolau Nasoni y por Luís Pereira da Costa, escultor y ebanista. Destaca el altar mayor de talla dorada que integra en la parte central un nicho con la imagen de Cristo crucificado. Pertenece a los siglos XII-XIII.

La arquitectura moderna tiene otra obra reseñable en los **Paços do Concelho** (Ayuntamiento), diseñados por Alcino Soutinho (1987). La Casa da Arquitectura *(casadaarquitectura.pt),* instalada desde 2017 en la Real Companhia Vinícola, es de visita obligatoria para todos los amantes y aficionados a la arquitectura. Entre Matosinhos y Leça da Palmeira está el **puerto de Leixões,** construido desde 1884 a causa de la colmatación del Douro. Conserva las antiguas grúas de obra denominadas "titanes".

Leça da Palmeira

Al norte del puerto, Leça da Palmeira cuenta con un pequeño casco antiguo de calles estrechas, alrededor de su castillo. Dos áreas verdes que se corresponden con las **quintas da Conceição** y **Santiago,** permiten contemplar el trabajo desarrollado en los muelles.

En la segunda está el **Museo da Quinta de Santiago** *(visita, de martes a domingos, de 10 h a 13 h y de 15 h a 18 h; de octubre a marzo, sábados y domingos solo por la tarde),* cuyo fin es preservar y divulgar la historia del municipio a través del arte. Al norte, el **faro de Leça,** de 1927, con más de 45 m de alto ha sido escuela de fareros y forma casi parte del gran océano. El **fuerte de Nossa Senhora das Neves,** un baluarte defensivo con planta de estrella de cuatro puntas protegido con murallas en talud, es un ejemplo de la arquitectura militar. Junto a los **fuertes de S. João da Foz** y **de S. Francisco Xavier** (Castelo do Queijo) integraba la línea defensiva de Oporto.

No conviene perderse la interesante la **Casa de Chá da Boa Nova,** una de las primeras obras de Álvaro Siza Vieira, construida entre 1958 y 1965, todo un paradigma de integración con el entorno en un enclave privilegiado.

Hacia el interior podemos prolongar la visita por el **monasterio de Leça do Balio,** un bello ejemplo de transición arquitectónica entre el románico y el gótico. En el **barrio** de **São Mamede de Infesta** está la **Casa-Museu de Abel Salazar,** residencia y taller de este médico, divulgador del progresismo.

Faro de Boa Nova

COMER
Y DORMIR

🛏 Dormir en Oporto

Con el *boom* turístico de las últimas décadas, el alojamiento de Oporto ha aumentado sus tarifas. No obstante hay diferencias entre las zonas, existiendo una gran variedad para elegir. En la Rua do Almada, que entra como una flecha en el centro de la ciudad desde la Praça da República, hay más de 20 establecimientos, igual que en los alrededores de la estación de São Bento, y no menos de una docena en la Rua da Alegria. En el Casco Viejo, donde se abren algunos hoteles de lujo, abundan, sobre todo, los apartamentos turísticos. En la zona de la Rotunda abundan los hostales y algún hotel de negocios de alto nivel.

Hotel Infante de Sagres***** (B3) **1**

Praça D. Filipa de Lencastre, 62, telf. 932 025 474; www.hospes.com/es/infante-sagres-porto/. Pertenece a la cadena Small Luxury Hotels of the World, está en el centro, a unos minutos de la estación de metro Aliados. Es el más clásico y lujoso, inaugurado en 1951. Decoración elegante con mobiliario clásico y lámparas de cristal.

Hotel Ipanema Park***** (f.p.)

Rua de Serralves, 124, telf. 225 322 121; www.hfhotels.com. Un edificio blanco y moderno, situado cerca de la Fundação Serralves. Está a 1 km del Museo Jardín de Serralves y ofrece piscina al aire libre y bar en la azotea con vistas a Oporto y al río Duero. Con restaurante de cocina internacional.

Intercontinental Porto-Palácio das Cardosas***** (B3) **2**

Praça da Liberdade, 25, telf. 800 450 076; www.ihg.com. Un hotel de estilo clásico y elegante en un palacio, da a la Praça da Liberdade y está a pocos pasos de la estación de São Bento, la librería Lello y la torre de los Clérigos.

Grande Hotel do Porto*** (B3) **3**

Rua Santa Catarina, 197, telf. 222 076 690; www.grandehotelporto.com. Abierto desde 1880, es el más antiguo de la ciudad. Cuenta sin embargo con la más moderna equipación y habitaciones muy confortables. En la zona peatonal del centro de Oporto, a 5 min a pie de la estación de tren de São Bento. Tiene terraza en la azotea y un restaurante de cocina portuguesa.

Hotel Internacional*** (A3) **4**
Rua do Almada, 131, telf. 222 005 032; www.hi-porto.com. Inaugurado a principios del siglo xx, pero con una imagen totalmente renovada, está situado en el centro.

Hotel Aliados*** (B3) **5**
Rua Elísio de Melo, 27-2º, telf. 222 004 853; www.hotelaliados. com. Hotel con historia situado en el corazón de Oporto. Habitaciones impecables, algunas con vistas a la Avenida dos Aliados.

Hotel São José*** (A3) **6**
Rua da Alegria, 172, telf. 222 080 261, www.saojosehotelporto.com. Situado en una calle paralela a la comercial Rua da Santa Catarina, al lado de la estación de metro Bolhão; una manera de estar bien comunicados.

Porto Domus Hotel*** (A4) **7**
Rua da Firmeza, 19, telf. 225 180 003; www.portodomushotel.pt. En un caserón modernista de principios del siglo xx, próximo al Mercado do Bolhão. Garaje.

WOT Porto*** (A3) **8**
Rua da Conceição, 80, telf. 926 250 769; www.malaposta.porto.hotels/pt. La fachada oculta el buen servicio que encontramos en el interior. Decoración moderna y acogedora.

Casas do Teatro (C3) **9**
Rua da Porta do Sol, 20, telf. 919 941 330; www.casasdoteatro.pt. Apartamentos y estudios a buen precio a unos pasos de la Praça da Batalha y la estación de São Bento. Decoración moderna, calefacción, baño, televisión, wifi,

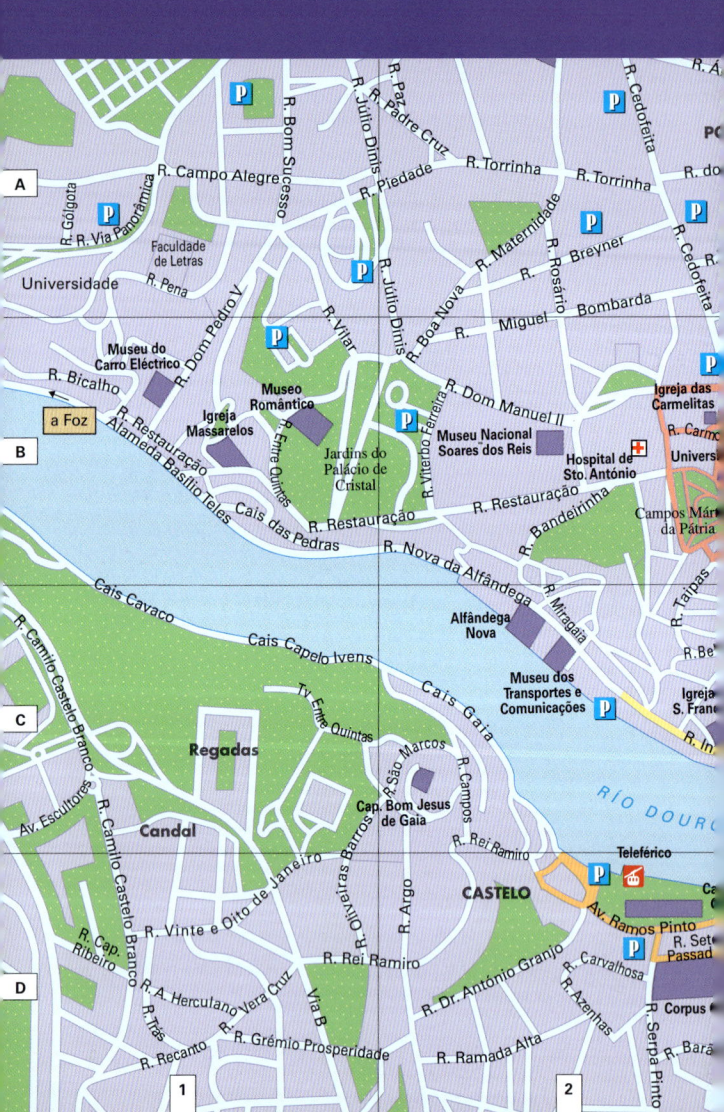

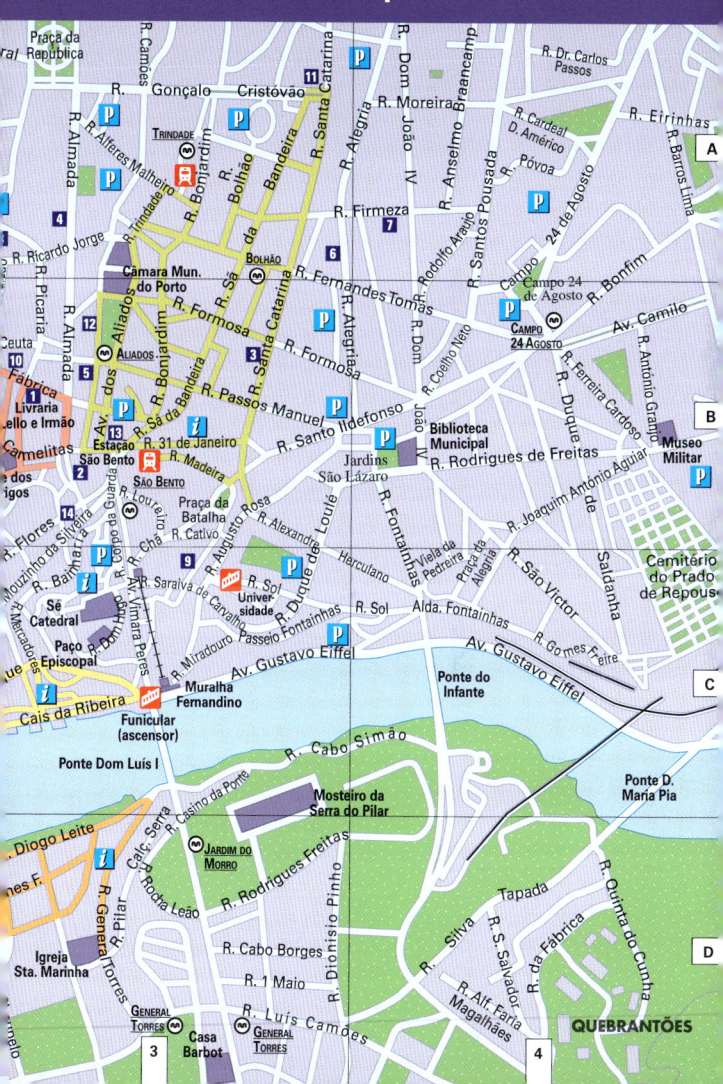

El ambiente de noche en Oporto
[ver plano de las págs. 98-99]

🟡 Casco Viejo
A última hora de la tarde todavía el casco viejo registra animación en sus cafés y *pubs* de primera copa, que se reparten, sobre todo, por Ribeira.

🟢 Santa Catarina
Santa Catarina alberga un buen número de cafés y confiterías, algunos de visita imprescindible, como el emblemático Café Majestic. En la Praça de Batalha, Aliados y da Bandeira también se sitúan agradables cafés.

🟠 Cais de Gaia
La zona conocida como Cais de Gaia ha sido recuperada y en ella existe gran número de restaurantes, cafés y terrazas.

🟠 Clérigos
Al norte de la célebre iglesia, tres calles concentran la marcha nocturna portuense en un interminable número de *pubs* de todos los estilos y para todos los gustos: las ruas da Galería de París, Cândido dos Reis y do Conde de Vizela.

🟡 Foz (f.p.)
En Foz, al sur del Palacio de Cristal, los paseos fluvial y marítimo se animan al anochecer con algunos locales.

Grande Hotel de Paris*** (B3) 🔟
Rua da Fábrica, 27-29, telf. 222 073 140; www.stayhotels.pt. Encantador hotel abierto desde 1888 y entre cuyas paredes descansó el escritor Castelo Branco. Situado en el centro, cautiva por su ambiente Belle Époque. Cuenta con un coqueto jardín en su interior.

Porto Spot Hostel (A3) 🈁
Rua de Gonçalo Cristóvão, 12, telf. 224 085 205, spothostel.pt. Uno de los hostales más apreciados de la ciudad, a unos pasos del Mercado do Bolhão.

sala de estar, cocina equipada, patio y vistas a la ciudad.

Pão de Açúcar*** (B3)
Rua do Almada, 262, telf. 222 002 425; www.paudeacucarhotel. pt. Edificio de los 50, poco luminoso pero con buenas habitaciones.

Rivoli Cinema Hostel (B3)
Rua Doutor Magalhães Lemos, 83, telf. 220 174 634. Este económico hostal se encuentra en un edificio *art déco* del centro de Oporto. La decoración de las habitaciones es personalizada y está inspirada en el cine.

Best Guest Hostel (C3)
Rua de Mouzinho da Silveira, 257, telf. 967 116 157, www.best-guesthostel.com. Muy cerca de la Estación de São Bento y de la Rua das Flores, este hostel cumple con todas las comodidades.

Pousada de Juventude

La Pousada de Juventude de la ciudad está situada fuera del centro histórico, al oeste del Ponte da Arrábida, con magníficas vistas a la desembocadura del Duero, en la rua Paulo da Gama, 551; telf. 226 163 059, www.pousadasjuventude.pt.
Desde la estación de Campanhã el bus nº 207 (de lunes a viernes hasta las 21 h) tarda unos 40 minutos. Literas: 16 €, habitación 38-42 €. Después de las 21 h existen dos autobuses que paran a 400 m de la Pousada da Juventude.
El bus 200 (Bolhão–Castelo do Queijo), cuya parada más cercana a la Pousada es *Pasteleira;* y el bus 500 (Praça da Liberdade-Matosinhos Mercado), cuya parada más cercana es *D. Leonor.* Del aeropuerto, en metro a la estación de Casa da Música y desde ahí conexión en autobús 504.

Comer en Oporto

En general se come bien y barato, y ya sea en restaurantes más puestos o casas con menú, no faltan opciones para degustar la típica cocina portuense. En la Ribeira, donde se concentra la mayor cantidad de establecimientos orientados al turismo, hay que atinar bien porque hay de todo. Dejarse llevar por la vista y el olfato a la hora de elegir establecimiento es el mejor consejo (ver plano de las págs. 62-63)

En la Ribeira

Chez Lapin (C3) ❶
Rua dos Canastreiros, 40. Telf. 222 00 64 18. Uno de los más clásicos de la ciudad. Entre las especialidades están la *massa de bacalhau e grelos* y el *Coelho à Chez Lapin.* 20-25 €.

Adega de Dona Antónia (C3) ❷
Rua dos Mercadores, 15. Telf. 222 084 523. Excelente experiencia gastronómica de cocina tradicional portuguesa. 15-25 €.

O Terreirinho (C3) ❸
Travessa do Barredo, 5. Telf. 968 470 957. Merece la pena adentrarse por las callejuelas para descubrir este templo del paladar. 20-30 €.

Ora Viva (C2) ❹
Rua Fonte Taurina, 83-85. Telf. 222 052 033. En una estrecha calle interior de la Ribeira, con un pequeño comedor en el que probar su bacalao, pescados a la brasa y el arroz de tamboril. Precio medio: 20-24 €.

Adega São Nicolau (C2) ❺
Rua de S. Nicolau, 1. Telf. 222 008 232. Uno de los lugares con el precio más ajustado de la turística Ribeira, con sus características mesas de madera rústicas. Platos caseros como el *polvo,* las tripas, el *bacalhau no forno* o el *pernil de porco.* 20 €.

Postigo do Carvão (C3) ❻
Rua da Fonte Taurina, 24-34. Telf. 222 00 45 39. Borda las especialidades portuguesas del norte, también los *rojões,* la chanfana de cabrito o la posta mirandesa. 15-20 €.

Mercearia (C3) ❼
Cais da Ribeira, 32. Telf. 222 00 43 89. Otra de las típicas casas de comidas de la Ribeira, especializada en pescado. 15-20 €.

En el centro

Casa da Mariquinhas (C3)  ⑧
Rua de São Sebastião, 25-27. Telf. 915 613 877. Un clásico, donde se cantan fados las noches de viernes y sábados. Ojo, porque la música incrementa los precios.

Adega Vila Mea (B3) ⑨
Rua dos Caldeireiros, 62. Telf. 910 975 184. Los fanáticos del *cozido à portuguesa,* servido los jueves, ya pueden reservar, suele estar lleno. 25 €.

daTerra Baixa (B3) ⑩
R. de Mouzinho da Silveira, 249. Telf. 223 199 257. Uno de los mejores restaurantes vegetarianos de la ciudad, a unos pasos de la Estación de São Bento. Dispone de un menú. 10-20 €.

Abadia (B3) ⑪
Rua Ateneu Comercial, 22-24. Telf. 222 008 757. Cocina tradicional a buen precio en enorme restaurante de dos plantas. *Bacalhau à Gomes Sá, tripas, entrecosto de boi laminado, cabrito assado* son algunas propuestas. 20 €.

O Escondinho (B3) ⑫
Rua Passos Manuel, 144. Telf. 222 001 079, www.escondidinho.pt. Platos tradicionales a degustar en un ambiente decorado con mue-

bles tradicionales. Una casa de comida de alto nivel. 20 €.

A Tasquinha (B2) ⑬
Rua do Carmo, 23. Telf. 223 322 145. Casa tradicional, con la fachada cubierta de hiedra, en la que sirven sopas, ensaladas, platos de pescado (lenguado, rape, sardinas) con arroz, y también carne. Suele estar lleno. 20 €.

Regaleira (B3)

Rua do Bonjardim, 83. Telf. 915 268 368. En esta casa se preparó la primera *francesinha* hace 50 años. Son muy buenas las caldeiradas. 18-20 €.

Herdade 1980 (B3)

Rua Formosa, 322. Telf. 918 861 980. Ubicado en el Mercado do Bolhão. Carta variada con la carne y el bacalao como protagonistas. Cocina de alta calidad. 25-40 €.

Snack Café Santiago (B3)

Rua Passos Manuel, 198 y 226. Telf. 222 081 804/222 055 797. Local muy querido por la parroquia local y foránea, sean estudiantes, familias o viajeros, que acuden a degustar sus originales *francesinhas,* elaboradas con pan de sándwich, huevo, tortilla, salchicha, *linguiça* y bistéc, todo ello sobre una suculenta cama de patatas fritas y con abundante salsa. 12-15 €.

☕ Cafés y pastelerías

De los antiguos cafés de Oporto destaca sobremanera el **Majestic** (Santa Catarina, 112), obra del arquitecto Joao Queirós, fue inaugurado en 1921 con el nombre de *Élite* y reformado en los años noventa, manteniendo su estilo tardomodernista, con

profusión de espejos, lámparas y dorados, en el que se sirven desayunos, meriendas y comidas Otro de los históricos, el **Imperial** (Aliados, 126), cayó en desgracia, si bien con la condición de que nada se podía tocar, al convertirse en sede de un McDonald's. También destaca el **Café Aviz** (Rua do Aviz, 27), con más de cinco décadas y una famosa sala de juegos. El **Guarany** (Aliados, 87) siempre está lleno. Fundado en 1933 y conocido como el café de los músicos.

A unos pasos de la librería Lello, el **Café Âncora d'Ouro,** conocido también como Piolho (Praça Parada Leitão, 41), se trata de todo

Pedro dos Frangos (B3) ⓱
Rua de Bonjardim, 223 y 312. Telf. 222 008 522. Esta parrillada se ha hecho famosa asando pollos, aunque también ofrece carnes de *vitela o leitão* y pescado. No ha perdido su aire de tasca. 10-15 €.

Capa Negra II (B3) ⓲
Rua Campo Alegre, 191. Telf. 226 078 380, capanegra.com. Un clásico de Oporto muy concurrido, tanto para degustar una

francesinha como cualquier plato de su carta. Cerca de la Casa da Música. 15-25 €.

Taberna Regional Dom Castro (f. p.)
Rua Bonjardim, 1078. Telf. 937 394 232. Para entrar se toca un timbre, lo que aporta una dosis de misterio, pero el interior nada tiene de cueva masónica, sino de casa de comidas familiar, con raciones abundantes. 10-12 €.

un clásico. Fundado en 1909, lleva más de un siglo congregando a miles de estudiantes universitarios en acalorados debates.

Cerca de la Rotunda da Boavista, se halla la **Petúlia** (Rua de Júlio Dinis, 775), famosa por su *bolo rei*. Más simpático es el pequeño café **Pretinho do Japão** (Bonjardim, 496), que además tiene venta de cafés y tés del mundo. A unos pasos está **A Brasileira** (Rua de Sá da Bandeira, 91), que reabrió completamente renovada.

En cuanto a las confiterías, que son muchas y a cada cual mejor, cabe citar la modernista **Confeitaria do Bolhão** (Formosa, 339), que también sirve comidas a buen precio; **Arcádia** (Rua do Almada, 63), especializada en

bombones, chocolates y almendras; **Aliança** (Rua da Cedofeita, 87), con galletas húngaras y pastéis de nata deliciosos; **Nova Real** (Rua da Prelada, 132), siempre concurrida; **Moura** (Rua Rodrigues Sampaio, 115), con más de 125 años de historia y cuya especialidad son los *jesuítas;* **Confeitaria Tavi** (Rua da Senhora da Luz, 363) con una agradable terraza y **Leitaria da Quinta do Paço** (Praça Guilherme Gomes Fernandes, 47), famosa por sus *éclairs.*

Por último, el **Café Moreira** (Rua Senhora da Luz, 306), situado en el barrio de Foz do Douro, lleva más de medio siglo deleitando a sus clientes con sus madalenas *(queques),* que son la especialidad de la casa.

🍸 La noche

Los lugares más concurridos por los noctámbulos se centran en Clérigos, aunque en La Riberinha queda algo de ambiente y a medida que avanza la noche, la animación se va alejando del centro y sus cafés, por lo que se hace necesario continuar en coche particular, taxi o autobús nocturno.

A Ribeira-Alfândega

Para una primera copa (o un Porto), con vistas, nada mejor que el **Café do Cais** (Cais da Estiva). Escondidos en antiguas carboneras y caballerizas de los históricos edificios del barrio hay ambiente universitario y varios bares, como el **Hot Five,** cerca de plaza de Batalha, en Largo do Actor Dias 51, con actuaciones de jazz y blues. El bar **Ponte Pênsil** (Rua de Cima do Muro, 14) es un buen lugar para tomar una copa con vistas al Duero y el puente.
También destacan el popular irlandés **Ryan's** (Infante D. Henrique, 16), y **Pinguim Café** (Rua do Belomonte, 67), que tiene una intensa actividad cultural entre la que destacan sus famosos recitales de poesía. En la transición a otras zonas cabe recordar el **mercado Ferreira Borges,** recuperado para actividades culturales, que incluye *pubs* como el **Hard Club Porto,** con actuaciones de rock. En la zona de la Anfândega cabe destacar el **Lottus After Hours** (Rua de Monchique, 15), para quienes quieren continuar la fiesta hasta el mediodía del día siguiente.

Clérigos

Esta es la zona de más ambiente portuense. En la Rua Galería de París están **La Bohéme, Café au Lait** (con música suave y picoteo mediterráneo), **Galería de París** (almacén de moda reconvertido), **Moreclub, Alma,** etc. En Cândido dos Reis están **W Black, Mao María, Queen Club, Cento & Dezasseis,** y coctelerías como **Plano B** o **The Gin House.**
Por su parte, la Rua Conde de Vizela acoge la discoteca **Griffon's** o **Tendinha dos Clérigos** (rock & roll). La oferta se prolonga hacia

el norte por la Praça Guilherme Gómes Fernándes y en José Falcão (Vitória Café y Café Lusitano, con actuaciones).

Carmo-Cedofeita

La primera zona es para la primera hora, con buenas terrazas (algunas terrazas de cristal, cubiertas para cuando llueve), la segunda más alternativa. Cabe destacar algunos locales como el **Pherrugem,** con buenos DJs seleccionando lo mejor de la música actual. Otro espacio con buen ambiente es el **Tapas & Bar** (Travessa de Cedofeita, 24), con tapas, bebidas y música en directo hasta tarde.

Foz Velha e Foz

Hay locales que funcionan como restaurante y terraza desde la tarde y de noche van mutando a bar de copas, hasta las 2 h de la mañana. El pub **Bonaparte** (Av. do Brasil, 130) es una buena opción para tomar la primera copa o simplemente comer algo junto al mar. El bar musical **Xaque-Mate** (Rua da Agra, 86) y la discoteca **Indústria** (Av. do Brasil, 846) son otras dos buenas opciones donde la diversión está asegurada.

Matosinhos y Leça da Palmeira

Algunos clubs y bares perviven por la zona. Podemos destacar el **Mary Spot Vintage Bar** en Rua Ló Ferreira 125. Celebra conciertos de rock semanalmente en ambiente de garaje. La discoteca **O Batô** (Rua do Castelo, 13), en Leça da Palmeira, es otro de esos espacios históricos con mucha animación.

La recalifación del litoral de Matosinhos y Leça da Palmeira ha convertido esta zona en un lugar muy agradable para tomar una copa junto al mar en algunos de los chiringuitos y terrazas.

GRATIA PLENA

EL
CONTEXTO

Cronología histórica

700 a.C.	Formación del núcleo urbano protohistórico de Oporto.
466	El rey visigodo Teodorico II conquista Oporto.
716	Los musulmanes conquistan Oporto. La zona situada entre el Duero y el Miño se organiza como entidad independiente (Condado de Portucale) hasta el siglo XI.
868	El caudillo Vimara Peres, al servicio del reino de Asturias, conquista Oporto y restaura la Diócesis cristiana.
1123	El arzobispo D. Hugo otorga el fuero a la ciudad de Oporto, lo que la convierte en una de las más antiguas de Europa.
1383	Oporto apoya el levantamiento del Gran Maestre de la Orden de Avís, el futuro rey Juan I de Portugal, contra los castellanos que asedian Lisboa.
1415	Enrique el Navegante, conquista Ceuta y se inicia la expansión portuguesa.
1642	Llega a Oporto el primer cónsul británico, Nicholas Comerforde, que refuerza los lazos con la Corona Inglesa.
1755	Un terremoto sacude Portugal el 1 de noviembre.
1758	El Marqués de Pombal inicia la reforma urbanística de Oporto financiada gracias a los impuestos aplicados al comercio del vino, que vive su época de mayor expansión.
1807	El ejército de Napoleón, capitaneado por el general Junot, invade Portugal, ocasión que aprovechan las tropas españolas para conquistar Oporto.
1809	Un ejército mayoritariamente inglés, comandado por el futuro duque de Wellington, avanza sobre Oporto, provocando la fuga precipitada de los franceses y liberando la ciudad.
1820	La ciudad de Oporto se convierte en escenario de un levantamiento militar que acaba con la monarquía absoluta dando paso a una constitución liberal.
1822	Aprobación de la primera Constitución Liberal Portuguesa.
1832	Los absolutistas ponen cerco militar a Oporto hasta que al año siguiente es liberada tras una heroica defensa de

la ciudad por parte de sus habitantes, lo que le vale la denominación de "Muy noble, invicta y siempre leal".

1834 Vila Nova de Gaia, donde se establecen las bodegas para el envejecimiento de los vinos finos del Alto Douro, se constituye en municipio separándose de Oporto.

1894 La guarnición de Oporto se declara a favor del régimen republicano.

1910 Golpe republicano y proclamación de la República el 5 de octubre.

1915 Se inicia la construcción de la Avenida dados Aliados bajo la dirección del arquitecto británico Barry Parker. La termina años más tarde el arquitecto Marques da Silva bajo la influencia de la escuela francesa.

1919 El intento de independencia de Lisboa llevado a cabo por Paiva Couceiro convierte provisionalmente a Oporto en capital del norte de Portugal.

1927 La guarnición de Oporto se alza contra la dictadura militar del general Carmona, lo que determina su asedio durante siete días y la capitulación de los constitucionalistas.

1949 Portugal se convierte en uno de los miembros fundadores de la OTAN.

1955 Portugal entra en la ONU.

MONUMENTO A LOS HÉROES DE GUERRA.

1963	Construcción del Puente de Arrábida según el diseño del ingeniero Edgar Cardoso.
1974	Golpe militar que derriba el régimen fascista el 25 de abril, episodio conocido como Revolución de los Claveles.
1976	Promulgación de la Constitución de la República Portuguesa.
1985	Portugal firma el Tratado de Adhesión a la CEE.
1996	La UNESCO declara Patrimonio de la Humanidad el centro histórico y las murallas de Oporto. La zona ribereña de Vila Nova de Gaia, donde se encuentran las bodegas de vino de Oporto, también está incluida.
1999	Entra en vigor la paridad del escudo con el euro. El 6 de octubre muere la fadista Amália Rodrigues.
2001	Oporto es designada Capital Europea de la Cultura, junto a Róterdam. Se construye la Casa da Música, obra del arquitecto Rem Koolhas.
2002	Se inaugura la red de metro de Oporto. Se cierran las compuertas de la presa del Alqueva (Alentejo), dando lugar al mayor lago artificial de Europa.
2004	José M. Durão Barroso abandona el cargo de primer ministro de Portugal para ocupar el de presidente de la Comisión Europea.
2007	Portugal asume la presidencia semestral de la Unión Europea.
2013	Gana la alcaldía de Oporto el candidato independiente Rui Moreira, hecho sin precedente en cualquier otra gran ciudad europea. Moreira insiste en que la cultura y el turismo cultural serán los motores económicos del futuro de Oporto.
2015	Fallece Manuel de Oliveira, el director de cine más internacional de Portugal. La coalición de izquierda, formada por el Partido Socialista el Bloco de Esquerda y el Partido Comunista y liderada por el primer ministro António Costa, gana las elecciones.
2016	Marcelo Rebelo de Sousa se convierte en el nuevo presidente de la República. La selección portuguesa de fútbol gana la Eurocopa por primera vez.

2017	European Best Destinations elige Oporto como el mejor destino europeo, distinción que ya había obtenido en 2012 y 2014. Rui Moreira vuelve a ganar las elecciones municipales.
2018	Se decide que las obras de Miró permanezcan 25 años en el Museu Serralves.
2019	Se inaugura la Casa do Cinema Manoel de Oliveira en la Fundação Serralves.
2021	Nace en plena pandemia el colectivo Habitação, Hoje!, con la intención de luchar contra los deshaucios en Oporto y denunciar el galopante proceso de gentrificación que vive la ciudad.
2023	Reabre el Museu Nacional Soares dos Reis totalmente renovado. Oporto es elegido el mejor destino de Europa para una escapada urbana.
2024	La ciudad de Oporto es elegida como una de las 10 mejores ciudades del mundo por Time Out Global.

Vida y cultura

El fado y la guitarra portuguesa. Varias son las teorías y las leyendas sobre el origen del fado, y muy pocas las certezas al respecto. Algunos afirman que se trata de una danza afrobrasileña, la danza del fado, introducida en Portugal en el siglo XVII durante el reinado de João IV. Otros, como Teófilo Braga, relacionan su nacimiento con los cánticos de los musulmanes que permanecieron en la península tras la Reconquista cristiana.

Los más audaces le atribuyen un origen de época romana. Lo cierto es que la primera referencia documentada al fado tiene lugar a comienzos del siglo XIX, y quizá sea más acertado constatar la lentitud de su evolución, a la par que sus evidentes influencias musicales.

Confinado a ambientes marginales en un primer momento, como expresión del sufrimiento de las clases más desfavorecidas, poco a poco la alta burguesía y la nobleza se fueron enamorando de sus letras de desgarradora melancolía y de su tristeza melódica tan acordes con el sentimiento luso de la *saudade*.

A lo largo de su historia conocida son muchos los fadistas que se han hecho famosos, desde la mítica Maria Severa Onofriana a la internacional Amália Rodrigues, pasando por el castizo Alfredo Marceneiro o Carlos do Carmo. Amália Rodrigues –que actuó en el más famoso local de fado de Oporto, el restaurante *Mal Cozinhado*– trajo la literatura y la solemnidad al fado cantando a poetas como Camões, Vinícius de Moraes, Pedro Homem de Mello o David Mourão-Ferreira. Actualmente, el fado ha recuperado el esplendor de otros tiempos tras el periodo inmediatamente posterior a la caída del régimen de Salazar, durante el cual este se relacionaba con una cultura ultraconservadora e incluso reaccionaria.

Nombres como Mariza, Dulce Pontes, Mísia (nacida en Oporto pero educada artísticamente en Barcelona) o Mafalda Arnauth, al lado del de Camané, entre tantos otros, han aportado sofisticación y talento a la que algunos han dado en considerar la canción nacional.

De entre las fadistas de estilo castizo cabe mencionar a Maria da Fé, nacida en Oporto e iniciada en el canto en el restaurante Senhor Vinho en Lisboa que acoge actuaciones de otros fadistas. También existe un tipo de fado de corte humorístico cuyo principal representante es, sin duda, Neca Rafael, nombre con el que era conocido Manuel Garcia da Silva, natural de Oporto y residente hasta su muerte en São Pedro da Afurada.

Hay que mencionar a Florência, niña prodigio del fado portugués y natural de Oporto, donde vive. Incorpora a su repertorio temas de carácter popular; su fama tal vez no haya sido la que se merece al no haber fijado nunca su residencia en Lisboa.

José Mário Branco, nacido en Oporto, es un caso singular de cantautor revolucionario y fadista, exponente de la canción de protesta, fundador del GAC (Grupo de Acção Cultural) y colaborador de numerosos artistas como el conocido Camané.

En 2010 la Unesco declaró el fado Patrimonio Inmaterial de la Humanidad.

Breve notas sobre literatura. El gran poeta portugués del Renacimiento fue Luís de Camões, que cantó las hazañas de Vasco de Gama en *Os Lusíadas.* Bocage, fue el gran poeta lírico y satírico del siglo XVIII, siendo quizás el mayor exponente del arcadismo en Portugal.

El siglo XX fue una centuria próspera para la literatura portuguesa, constituyendo Pessoa el centro y la clave fundamental del mismo. Los primeros años de ese siglo convulso de guerras y vanguardias dejaron algunas de las mejores páginas de la literatura portuguesa.

En **poesía,** junto a Pessoa, destacaron Sá-Carneiro y Almada Negreiros, línea que se continuó con poetas de gran altura, como António Ramos Rosa, Herberto Helder, Nuno Júdice, Eugénio de Andrade, Sofia de Mello Breyner, Manuel António Pina o Ana Luísa Amaral.

Sophia de Mello, nacida en Oporto, pasó su infancia en la Quinta do Campo Alegre, actual Jardín Botánico de la ciudad, y fue la primera mujer en recibir el premio Camões, el más importante galardón de la letras portuguesas.

La **novela** no va a la zaga de los logros alcanzados por la lírica portuguesa, y ya en el siglo XVIII destacaron autores como Almeida Garrett, precursor del Romanticismo en Portugal y político liberal de origen portuense, Alexandre Herculano, introductor de la novela histórica y participante junto al anterior en el Desembarco del Mindelo (8 de Junio de 1832), que permitió a las fuerzas liberales tomar la ciudad de Oporto. En el siglo siguiente hay que señalar al azoriano Antero de Quental que clausuró el Romanticismo con sus *Odes Modernas,* auténtico instrumento de agitación social, y a Eça de Queirós, nacido en Póvoa de Varzim, cuya obra se basa en una exhaustiva crítica a las costumbres de su tiempo, siendo considerado el máximo exponente del realismo portugués.

Ya en el siglo XX la prosa portuguesa cuenta con autores de la talla de José Cardoso Pires, Miguel Torga, José Saramago, Lídia Jorge, Agustina Bessa-Luís o António Lobo Antunes. El filósofo y ensayista Eduardo Lourenço también ocupa durante este siglo un lugar destacado.

Cine en Portugal. El primer realizador portugués, Aurélio da Paz dos Reis (1862-1931), fue un comerciante de Oporto cuyas filmaciones fueron exhibidas el 10 de noviembre de 1896 en el Teatro-Circo Príncipe Real de esta ciudad.

La obra clave que marca el comienzo del cine portugués, en la primera década del siglo xx, es *Os Crimes de Diogo Alves* (1910), de João Tavares. En 1912 Alfredo Nunes de Mattos fundó en Oporto Invicta Filmes, que pasó de producir pequeños documentales y películas humorísticas a convertirse en el más importante estudio cinematográfico de la península; los temas de sus películas fueron siempre portugueses, centrándose en la literatura nacional del siglo xix. En 1924 la empresa cerró llegando a su fin el llamado "ciclo de Oporto".

En esa época y hasta los años 30 destacaron realizadores, como José Leitão de Barros (que realizó la primera película sonora portuguesa, *A Severa),* Reinaldo Ferreira *(O groom do Ritz,* 1923), António Silva, Beatriz Costa y Manuel Luís Vieira *(Águas de Portugal,* 1933). Por aquel entonces la temática era popular, predominando comedias costumbristas e historias rurales. En 1931 se estrenó el cortometraje mudo sobre los pescadores de ribera Douro, del realizador portuense Manoel de Oliveira que conoció un gran éxito internacional de crítica: Douro, Faina Fluvial.

Los cineastas de la década de los 60 tuvieron la oportunidad de trabajar junto a técnicos franceses en **Producciones Cunha Telles,** resultando por ello muy influidos por la *Nouvelle Vague,* entre ellos se cuentan Fernando Lopes, Ana de Macedo o Paulo Rocha, que fue asistente de Renoir. Por lo demás, el cine que se realizó en esta época estuvo protagonizado por las nuevas estrellas que la televisión había popularizado, con tramas simples al servicio del lucimiento musical de sus protagonistas, como en el caso de *Uma hora de amor,* protagonizada por António Calvário y Madalena Iglesias, cuyo éxito se prolongó durante la década siguiente.

En 1970 se creó el **Centro Portugués de Cine,** una cooperativa de cineastas auspiciada por la Fundación Gulbenkian y bien tolerada por el régimen. Las películas transmitían un sentimiento de incomodidad ante el desfase de la sociedad portuguesa y la europea, si bien no logró dinamizar la producción cinematográfica ni contó con gran éxito de público.

Con la revolución del 25 de abril los directores que estaban fuera del país volvieron iniciándose una nueva época para el celuloide luso caracterizada por la elección de temas comprometidos políticamente. José Fonseca e Costa, que rodó durante la dictadura *O Recado,* marcó el camino que otros, como António Reis, António Pedro de Vasconcelos y Lauro António, siguieron con sus películas.

En las últimas décadas del siglo xx destacan cineastas como Pedro Costa (*O sangue, A casa da lava*), João Cesar Monteiro (*Recordações da casa Amarela*), nacido en Figueira da Foz y seguidor de Manoel de Oliveira, o João Botelho (*Um adeus português, Os Maias*) que estuvo ligado a la actividad de los cine-clubes de Oporto. La tradición y el amor por el séptimo arte que ha demostrado siempre la ciudad se ha plasmado desde 1981 en la organización anual de **Fantasporto,** festival de cine fantástico de referencia internacional.

Gastronomía y vinos

Los vinos. Ya lo dice el fado: "en una casa portuguesa.../ pan y vino sobre la mesa", y lo cierto es que, de norte a sur, Portugal cuenta con una extensa gama de vinos. El papel que juega la topografía de este país es esencial, en la costa la brisa marina del Atlántico influye notablemente en los viñedos.

La tradición vinícola portuguesa se remonta muchos siglos atrás, de hecho fue aquí donde, gracias a las ideas reformistas del ilustrado marqués de Pombal, se aplicó por primera vez el concepto *región de-*

Las vides de Oporto se cultivan en terrazas, en las riberas del Duero.

marcada (Denominación de Origen). Fue en 1756, a través de la creación de la **Companhia Geral da Agricultura das Vinhas do Alto Douro,** con la cual se pretendió sistematizar la producción de los vinos generosos de la zona.

La mayor región vinícola de Portugal demarcada en la actualidad, atendiendo a todos los parámetros: cantidad de producción, número de viticultores, extensión de cultivo, etc., es la de **Vinhos verdes,** entre el Duero y el Miño, después la del **Douro,** en la que hay que distinguir los vinos licorosos (el Oporto) y los propiamente del Douro, tintos sobre todo, con el halo de los vinos de ribera. La tercera mayor son las zonas de **Bairrada** y **Dão,** esta úl-

tima de merecida fama internacional. Lo cierto es que la región norte presenta gran variedad de vinos, y no solo el famoso Oporto.

La cultura vinícola está muy asentada en la ciudad, se puede disfrutar de vinos de todas las regiones y es normal que la gente pida un *copo de vinho* (chato de vino) en los bares, en vez de cerveza. En la región, los viñedos apenas ocupan 40.000 ha, todos muy próximos a la cuenca del Duero y sus afluentes: el Pinhão, el Corgo, el Torto, el Tua, y el Côa, principalmente. A su vez, la región está dividida en tres subregiones: al oeste Baixo-Corgo, al centro Cima-Corgo y al este Duero Superior. Cada región goza de un microclima espe-

Los *rabelos* transportaban la cubas antes de que existiera el ferrocarril.

cífico, si bien por lo general, los inviernos son largos, fríos y húmedos y los veranos soleados y secos.

Los **vinhos do Porto** son objeto de una montaña de libros y de un interesante museo. Solo destacar las dos grandes categorías: aquellos cuya evolución ha sido detenida (*Ruby,* sin envejecimiento, y Tawny, envejecidos durante años) y los vinos que siguen evolucionando una vez embotellados (*Colheita,* que pertenecen a una sola cosecha determinada de gran calidad, y los *Late Bottled Vintage* –LBV–, con una prolongada maduración antes de ser embotellado). Precio y años de envejecimiento van de la mano.

Para saber más del tema, hay visitas guiadas en las bodegas de Gaia y excursiones que remontan el río para conocer los terrenos donde se crían las vides.

La gastronomía. La cocina es uno de los puntos fuertes de la visita a cualquier región portuguesa, y así queda reflejado en la calidad de sus frutas y verduras, su pasado campesino y la bonanza de sus vegas, llenas de huertos y de ganado.

Su amplio litoral, cientos de kilómetros de costa, justifican la importancia de los productos marinos en la mesa. Sus exóticas influencias de ultramar han dejado en la gastronomía lusa un sorprendente gusto por la presentación exuberante, la supremacía del arroz sobre las legumbres y una mezcla atrevida de sabores.

Los productos básicos de su cocina son el huevo, las patatas, el arroz y su extraordinario bacalao, que merece un recetario aparte, por la cantidad de maneras en que se prepara. Las sopas son otro de los tótems de esta gastronomía, cualquier comida comienza con un delicioso caldo.

Especialidades del norte

Los platos básicos de la región ponen de manifiesto las virtudes del mundo rural, en especial su agricultura.

Productos frescos de huerta y granja, legumbres, así como el arroz, son la base de muchos de los platos populares, sin olvidar el sempiterno bacalao, que en Oporto se prepara, sobre todo, *à Gomes de Sá.* El famoso *caldo verde* (sopa de repollo o berza con chorizo), el pescado fresco y las *tripas à moda de Oporto* (callos), junto con algunos platos adoptados y matizados al gusto de la ciudad como la *francesinha,* componen los pilares de la mesa portuense.

Más que ningún otro, el plato local por excelencia, cargado de historia y de sabor, son las **tripas à moda do Porto** (callos con chorizo, judías y zanahoria), pues les valió a los habitantes de la ciudad el sobrenombre de *tripeiros*. Un manjar de reyes que comen los pobres, como dijo un tratadista, por lo que hay que probarlos aunque sea verano. Es lo que debieron comer por un tiempo los ciudadanos por ser el único despojo que no embarcó la expedición de Enrique el Navegante, a principios del siglo XV. Los *rojões,* trozos de carne de cerdo fritos, son otra especialidad del norte de Portugal, además del asado de ternera y el cocido, ambos acompañados con arroz; por San Juan también se comen el carnero asado y el arroz al horno.

El modo más clásico y tradicional de preparar el *bacalhau es à Gomes de Sá.* La receta procede de un comerciante de Oporto de finales del siglo XIX. Según la leyenda, habría sido creada con los mismos ingredientes (excepto la leche) con los que se hacen los populares *bolinhos* de bacalao, que se encuentran en casi todas las pastelerías y bares.

La **sardina** es un pescado eminentemente popular, imprescindible durante las fiestas de San Juan, que ha entrado en los menús; en estos tampoco suelen faltar la *pescada* (merluza) y el sabroso pargo. Para postres, el *leite creme queimado* y el *arroz doce.*

El plato estrella de las noches de Oporto, de la clientela estudiantil y de la comida rápida es la *francesinha,* receta que entró en la ciudad en los años sesenta, traída por emigrantes retornados. Se trata de un sándwich de embutidos, filete, y queso por fuera, adobada con una salsa algo picante de marisco.

Se ha dicho que los portugueses son el prototipo del colonizador colonizado; no hay más que echar una ojeada a su mesa, a sus jardines y a sus costumbres. La importancia que se concede a los **dulces,** sin duda herencia de su profuso pasado conventual, se hace notar en las meriendas y los postres. Tomar *uma bica* o *cimbalino* (café solo), eligiendo uno de los muchísimos *pastéis* que se ofrecen en cualquier café, es una costumbre nacional. La elaborada y refinada **repostería** del norte de Portugal ha heredado la influencia de las cocinas de los conventos. Uno de los postres a destacar, clásico de Semana Santa, es el *pão de ló*, un bizcocho a base de huevos, harina de trigo, raspaduras de limón y algo de sal, por lo que se toma también con queso.

Los quesos

Son elemento de referencia obligada, contando en la actualidad con catorce Denominaciones de Origen Protegidas. Como en todos los lados, son aún mejores acompañados de una buena rebanada de pan *caseiro* y una copa de vino.

Los *Saloios* son quesos de cabra pequeños y muy sabrosos que en invierno se pueden consumir frescos. Se producen en los alrededores de Lisboa, concretamente en Mafra y Sintra. Pero el rey es, sin lugar a dudas, el **queso de oveja de Serra da Estrela**. En invierno, cuando todavía están cremosos –*queijos de entorna*–, son una auténtica delicia.

El de *Azeitão* es un queso pequeño de corteza fina y tono amarillo-paja. Se produce a partir de la leche de oveja y su mejor época y tiempo de cura se sitúan entre los meses de noviembre y mayo. Textura refinada y paladar muy acentuado..., parecido a nuestra Torta del Casar o de la Serena.

El *Cabreiro* es un queso fresco producido a partir de la leche de cabra. Normalmente es de gran tamaño y se come fresco y ligeramente salado. El más conocido es el de Castelo Branco. El de Évora es un queso de oveja y de cabra alentejano muy apreciado. Su sabor es casi idéntico al de Beja.

El queso de **Castelo Branco** se elabora con leche de oveja. Tiene una consistencia semidura y es tan sabroso y picante que, como se dice en la región, *Puxa a pinga* (Pide vino). En **Nisa** (Alentejo) se produce un queso de leche de oveja curado, muy sabroso y ligeramente ácido que toma su nombre del municipio de elaboración. Se come al natural, pero también en gratinados y en platos preparados al horno.

Otro queso alentejano muy apreciado es el de **Serpa**. Su cura es original: durante el proceso, se limpia y se pincela regularmente con una mezcla de aceite y pimentón. Según el tamaño, y de menos a más, se llaman *queijinhos, cuncas* o *merendeiras.*

En la región centro del país, en la sierra de Sicó, se produce el

Rabaçal a partir de las leches de cabra y oveja. Se trata de un queso pequeño que se puede consumir natural o curado. Finalmente, el *requeijão* (requesón) preparado con suero de leche de oveja y/o de cabra. No existe ninguna denominación de origen ligada solo al distrito de Oporto. Sin embargo, en la región Norte se producen algun afamadas variedades de queso portugués, compartiendo el origen con la región histórica de Trás-os-Montes e Alto Douro.

Los azulejos. De Portugal se ha llegado a decir que es como un inmenso museo del azulejo.

No cabe duda de que el azulejo es una de las expresiones culturales de mayor impacto en Portugal, un arte profundamente sincrético en el que se mezclan la tradición y la originalidad, y se asimilan elementos de influencia islámica y renacentista, combinando el exotismo de los descubrimientos ultramarinos, la inspiración de la Europa septentrional o la fascinación por el Oriente.

Los pintores portugueses de azulejos se inspiraron en grabados ornamentales que les llegaban desde otros puntos de Europa, entre los que hay que destacar los llamados grotescos. Dado su carácter fantástico, eran muy del agrado de un pueblo acostumbrado al trato con culturas lejanas. Se inspiraron también en la llamada *chita,* tejido de algodón estampado proveniente de la India. Escenas religiosas, mitológicas, satíricas o de caza se reproducían en los azulejos y eran reinterpretadas cromáticamente de manera libre por artesanos populares.

A partir del último cuarto del siglo XVII llegaron a Portugal varios conjuntos monumentales de azulejos producidos en Holanda. La superioridad técnica de los azulejos holandeses y el uso de tonos azules que evocaban la porcelana china, sedujeron enseguida a los artistas portugueses.

Además de los grandes paneles decorativos de esta época, llegó desde los Países Bajos otra modalidad que fue bien acogida y rápidamente adaptada: los azulejos sueltos decorados con una escena o figura autónoma. Comenzó una nueva etapa en la que los artistas ceramistas dejaron estampada su firma en los paneles. El precursor fue el español Gabriel del Barco, establecido en Portugal en la última década del siglo XVII. Se inicia el periodo áureo de la azulejería portuguesa, el llamado Ciclo de los Maestros, como una reacción ante las importaciones holandesas.

Durante la tercera y cuarta décadas del siglo XVIII se produjo un aumento sin precedentes de la producción de azulejos, en parte debido al mayor número de encargos solicitados de Brasil.

A finales del siglo XVIII, la azulejería recibe las influencias del neoclasicismo. Los paneles ocuparon entonces solo los zócalos y se combinaron con paredes pintadas al fresco o solo blanqueadas, desnudas, ganando levedad y ampliando los temas y composiciones. Esta producción es una de las más interesantes de la azulejería.

En la segunda mitad del siglo XIX, el azulejo en serie, más barato, cubría ya miles de fachadas. Una de las fábricas más importantes estaba en Gaia, próxima a Oportol.

Las fachadas de azulejos, con sus variaciones de color y luz, y los marcos de puertas y ventanas en cantería son dos elementos fundamentales del paisaje urbano portugués. En Oporto hay adoquines de basalto blanco y negro de la calçada portuguesa completan el efecto. Entre los artistas del siglo pasado destacó Luís Ferreira, conocido como Ferreira das Tabuletas, autor de exuberantes paneles con motivos florales, árboles y figuras alegóricas, convertidos en trampantojos.

Azulejos en el muro de la iglesia do Carmo, en Oporto.

Diccionario gastronómico

Entrantes

Calabaza	*Abóbora*
Sopa de pan	*Açorda*
Berros	*Agriões*
Lechuga	*Alface*
Puerro	*Alho-francês*
Aceitunas	*Azeitonas*
Aceitunas	*Azeitonas*
Patatas	*Batatas*
Berenjenas	*Berinjelas*
Remolacha	*Beterraba*
Caracoles	*Caracóis*
Cebollas	*Cebolas*
Zanahoria	*Cenoura*
Setas	*Cogumelos*
Col	*Couve*
Coliflor	*Couve-flor*
Guisantes	*Ervilhas*
Espárragos	*Espargos*
Espinacas	*Espinafres*
Judías	*Feijão*
Garbanzos	*Grão*
Lentejas	*Lentilhas*
Huevo duro	*Ovo cozido*
Pimiento	*Pimento*

Pescados y mariscos

Almejas	*Amêijoas*
Anchoas	*Anchovas*
Atún	*Atum*
Bacalao	*Bacalhau*
Gambas	*Camarões*
Cangrejos	*Caranguejos*
Jurel	*Carapau*
Mero	*Cherne*
Anguila	*Enguia*
Pez espada	*Espadarte*
Langostinos	*Lagostinos*
Lamprea	*Lampreia*
Bogavante	*Lavagante*
Lenguado	*Linguado*
Calamares	*Lulas*
Mejillones	*Mexilhões*
Sable	*Peixe-espada*
Percebes	*Perceves*
Merluza	*Pescada*
Pulpo	*Polvo*
Lubina	*Robalo*
Salmón	*Salmão*
Centollo	*Santola*
Buey de mar	*Sapateira*
Sardinas	*Sardinhas*
Rape	*Tamboril*

Carnes

Bistec	*Bife*
Solomillo	*Bife de lombo*
Conejo	*Coelho*
Borrego	*Cordeiro*
Chuletón	*Costeleta*
Costillar	*Entrecosto*
Jamón de York	*Fiambre*
Hígado	*Fígado*
Pollo	*Frango*
Lechón	*Leitão*
Lomo	*Lombo*
Pato	*Pato*
Pavo	*Peru*

Cerdo	*Porco*
Jamón	*Presunto*
Riñones	*Rins*
Vísceras	*Tripas*
Ternera	*Vitela*

Postres

Ciruelas	*Ameixas*
Almendras	*Amêndoas*
Piña	*Ananás*
Plátano	*Banana*
Cerezas	*Cerejas*
Frambuesas	*Framboesas*
Higos	*Figos*
Helado	*Gelado*
Naranjas	*Laranjas*
Limón	*Limão*
Manzanas	*Maçãs*
Sandía	*Melancia*
Melón	*Melão*
Fresas	*Morangos*
Pasteles	*Pastéis*
Peras	*Peras*
Melocotón	*Pêssego*
Queso	*Queijo*
Mandarinas	*Tangerinas*
Uvas	*Uvas*

Condimentos y especias

Ajo	*Alho*
Aceite	*Azeite*
Cilantro	*Coentros*
Limón	*Limão*
Mantequilla	*Manteiga*
Mostaza	*Mostarda*
Pimienta	*Pimenta*
Sal	*Sal*
Perejil	*Salsa*
Vinagre	*Vinagre*

Preparación

Asado	*Assado*
Cocido	*Cozido*
Muy hecho	*Bem passado*
Poco hecho	*Mal passado*
En su punto	*Médio*
Estofado	*Estufado*
Frito	*Frito*
Ahumado	*Fumado*
A la parrilla	*Grelhado*
A la brasa	*Na brasa*
Al horno	*No forno*

Vinos

Vino blanco	*Vinho branco*
Rosado	*Rosado*
Tinto	*Tinto*
Dulce	*Doce*
Embotellado	*Engarrafado*
Espumoso	*Espumante*
Reserva	*Reserva*

Varios

Aguardiente	*Bagaço*
Carajillo	*Café com cheirinho*
Fino	*Caña*
Cerveza	*Cerveja*
Café solo	*Cimbalino*
Entremeses	*Entradas*
Hielo	*Gelo*
Sumo	*Zumo*

Índice

Índice